솔봉재연

숲봉 해언

초 판 1쇄 발행 1974년 02월 28일
제2판 1쇄 발행 1994년 10월 25일
제3판 1쇄 인쇄 2004년 12월 20일
제3판 6쇄 발행 2024년 10월 15일

지은이 김대현
옮긴이 남만성
펴낸이 정무영, 정상준
펴낸곳 (주)을유문화사

창립   1945. 12. 1
등록번호 1-292
등록날짜 1950. 11. 1

주소   서울시 마포구 서교동 469-48
전화   02-733-8153
FAX   02-732-9154

홈페이지 www.eulyoo.co.kr

ISBN 89-324-5229-6 03810
값 8,000원

*옮긴이와의 협의하에 인지를 붙이지 않습니다.

꿈과 인생

술봉해언

김대현 지음 | 남만성 옮김

❈ 을유문화사

| 머리말 |

어느 날 장주莊周는 꿈에 나비가 되었다.
펄펄 나는 범나비였다.
스스로 기분이 좋아서
그것이 장주인 것을 알지 못하였다.
조금 뒤에 문득 깨어 보니
놀랍게도 그것은 장주였다.
알 수 없는 일이로구나!
장주가 나비 되는 꿈을 꾼 것일까?
나비가 장주 된 꿈을 꾼 것일까?

이것은 〈장자莊子〉의 제물편齊物篇에 나오는 멋진 글의 한 토막이다. 장자는 어느 것이 꿈이고 어느 것이 깬 것인가를 망설이고 있다.

인생을 꿈에 비유한 이야기는 많다. 꿈과 인생! 어딘가 사람을 사색 속으로 끌어들이는 과제課題가 아닐 수 없다. 현대를 살고 있는 우리들은 무엇인가? 인생을 생각하는 기회를 갖고 싶다. 가슴 후련하여지는 청량음료가 아쉽다.

여기에 〈술몽쇄언述夢瑣言〉이 있다. 〈술몽쇄언〉은 꿈으로 인생을 설명한 글이다. 아주 고차원적이면서도 심각하게 인생을 말하고 있다.

〈술몽쇄언〉은 월창 거사月窓居士의 저서이다. 저자는 월창 거사라고 하였을 뿐, 이름을 밝히지 않았다. 이능화李能和의 〈불교통사佛敎通史〉에 보면, 월창 거사는 김대현金大鉉의 호라고 하였다. 그는 대대로 한성漢城에 살았으며, 그의 집안은 공리貢吏의 집안이었다고 한다. 어려서 아버지를 여의었고 어머니를 효도로 섬겼다. 열 살 때에 이미 여러 글에 통달하여 시골 훈장訓長들이 감히 그의 스승 노릇을 하지 못하였다고 한다.

그는 유가儒家·도가道家의 많은 책들을 널리 읽어 오다가 나이 마흔이 지나 처음으로 불교의 〈능엄경楞嚴經〉을 읽고 크게 좋아하여, 드디어 지금까지 배워 온 모든 학문을 버리고 오로자 불서佛書를 전공하였다고 한다. 그는 임종 무렵 자기의 모든 저서를 불살라 버리고 오직 〈자학정전字學正典〉 한 책과 〈술몽쇄언〉 한 책만을 남겼는데, 〈술몽쇄언〉의 정신과 골자는 다 불교의 사상에서 왔다. 그러나 전 편을 통하여 단 한 자의 '불佛'자도 사용하지 않았다고 기술하고 있다. 그러니 〈술몽쇄언〉의 철학적 근거는 불교에 있다는 것을 알 수 있다.

또 그의 문하생 유운劉雲의 발문跋文에 보면, 함풍 경신년咸豐庚申年에 영가永嘉에 돌아가 은거隱居하였다고 하고, 또 동치 경오년同治庚午年에 세상을 떠났다고 하였다. 함풍 경신년은 1860년이고, 동치 경오년은 1870년이다.

그때 우리 나라는 조선 왕조의 말기로서, 외우外憂와 내환內患이 겹쳐 일어나고 정치는 혼란하였다. 그러니 사람들의 마음이 불안과 초조에 휩싸여 있었을 것은 가히 짐작할 수 있다.

그러한 세도인심世道人心을 바라보면서 월창 거사는 어떻게 하면 저들의 마음을 구제할 수 있을까 하고 근심하였을 것이다. 그는 드디어 불교 사상을 근거로 하고, 유교·도교의 사상을 가미하여 〈술몽쇄언〉을 저술한 것이다. 〈술몽쇄언〉은 인생을 그 근본 문제에서 다루고 있다.

"도대체 인생이란 무엇인가?"

"인생이란 한낱 꿈일 뿐이다."

그는 이렇게 갈파喝破하고 있다. 꿈속에서 일어나는 일체의 상황도 사물도 행위도 깨고 나면 한낱 환상幻像일 뿐이다. 환상이란 실재實在가 아닌 허상虛像이란 뜻이다. 그러니 꿈은 참[眞]이 아니다.

참이란 변하지도 않고 바뀌지도 않는 항구불변恒久不變의 존재를 가리키는 말이다. 변하고 바뀌고 사라지고 하는 것은 참이 아니다. 참이 아닌 것은 허상이나 꿈이다. 그렇다면 인생은 환상幻像이요 꿈이다. 인생은 변하고 바뀌고 사라지곤 하기 때문이다.

인간은 나서 자라고 늙고 병들어 죽곤 한다. 인간은 단 한 초秒의 사이에도 변하고 바뀐다. 인생은 변하고 바뀌는 것의 연속이다. 사람이면 누구도 예외는 없다. 결국 자고 깨는 것은 작은 꿈이고, 나고 죽는 것은 큰 꿈일 뿐이다(寤寐小夢 死生大夢).

사람이 장수長壽한다는 것은 긴 꿈이고, 요수夭壽한다는 것은 짧은 꿈일 뿐이다. 비록 인간이 천 년 만 년의 장수를 할지라도 그것은 한낱 긴 꿈이며, 나서 곧 죽는다고 하더라도 그것은 한낱 짧은 꿈일 뿐이다. 우리는 꿈속에서 어떤 때는 아주 긴 세월의 꿈을 꾸고, 어떤 때에는 아주 짧은 꿈을 꾼다. 그러나 꿈을 깨고 보면 그 긴 세월도 짧은 순간도 다 환각幻覺일 뿐임을 알게 된다. 인생이란 꿈을 깨고 나면 인생의 장수도 요수도 그와 같은 환각일 것이다.

또 우리는 꿈에 부귀영화를 누리는 꿈을 꾼다. 사랑하는 아내와 귀여운 자녀를 거느리고 행복을 누리는 꿈도 꾼다. 반대로 빈천하고 불행하고 슬픈 꿈도 꾼다. 그러나 꿈을 한번 깨면 모든 것은 한낱 환상인 것을 알고 웃는다. 그와 마찬가지로, 우리의 인생살이에 있어서 모든 영고성쇠榮枯盛衰와 희로애증喜怒愛憎도 결국 인생이란 이름의 꿈을 깨는 순간, 그것들은 다 허상일 뿐이다.

그러니 도도滔滔한 세상 사람들, 무엇을 그렇게 악착스럽게 다투고 집착執着하고 연연불망戀戀不忘할 것이 있는가. 부귀하다고 교만할 것이 무엇이며, 빈천하다고 실망할 것이 무엇이냐는 것이다.

그러나 거기에는 몽각夢覺을 초월하고 사생死生을 초월한 항구불변의 존재, '참'이 엄존嚴存한다는 것이다. 그 항구불변의 참이 무엇인가, 어떤 것인가는 명시明示하지 않았다. 아니, 명시할 수 없는 것인지도 모른다. 노자老子는, "말로 표현할 수 있는 도道는 영원불변永遠不變의 도가 아니고, 이름붙일 수 있는 이름은 영원불변의 이름이 아니다(道可道 非常道 名可名 非常名)."라고 하였다. 아마 월창 거사가 생사몽각生死夢覺을 초월한 영원불변의 참을 명시하지 않는 것도 그러한 이유일 것이다. 다만 이 책의 마지막 장에서, 정념正念에 도달하면 견성見性할 수 있다고 하였다. 그러니 그 '성性'이라는 것이 노자의 도道와 같은 것임을 추측할 수 있을 뿐이다. 성性이란 변하지 않는 본질本質을 의미한다. 하늘에 있는 것을 '이理'라고 하고, 사람에게 있는 것을 '성性'이라고 한다.

결국 인간은 그 물거품 같고 환상에 불과한 속세의 물욕에 노예가 되지 말고, 희로애증에의 집착을 버리고 도를 닦고 수양을 쌓아 정념正念의 경지에 이르고, 견성見性의 경지에 도달하기를 바란다는 것이다.

끝으로 우리 현대인들은 이 문제를 어떻게 받아들일 것인가.

첫째, 우리 현대인은 생활이 복잡하고 기계 문명의 압박을 느껴, 어딘가 가슴이 답답하다. 그러나 인생살이에 쫓겨, 고요히 인생이란 무엇인가를 사색할 마음의 여유를 갖지 못하기 쉽다. 이 기회에 한번 자신이 가고 있는 길을 지금 어디를 향하여 어떻게 달리고 있는가를 살펴보기로 하는 것은 결코 무의미하지 않을 것이다. 앞만 향하여 달리는 것은 좋다. 그러나 이따금 높은 곳에 서서 유연한 마음으로 가고 있는 방향을 살펴야 할 것이다.

다음으로 인생은 한낱 꿈이다. 현세의 부귀빈천과 영고성쇠가 모두 환상이라고 하는 인생관에 직면할 때, 우리는 자칫하면 허무감을 갖게 되고 염세 사상厭世思想을 일으키기 쉽다. 더구나 "인생 일장춘몽이니 아니 놀지 못하리라."는 식의 퇴폐의 구렁으로 떨어지기 쉽다. 또 이와는 달리, 아주 초연超然하고 고상한 태도를 가장假裝하면서 세상에 대한 근면勤勉과 노력을 포기한 채 안빈낙도安貧樂道라는 핑계 밑에 인생의 패배敗北를 감수甘受하는 경향도 있을 수 있다.

그러나 이것은, 〈술몽쇄언〉이 바라는 본의는 결코 아니다. 〈술몽쇄언〉에 따르면, 인생은 시비선악是非善惡을 인생의 테두리 안에서 따지려는 것이 아니고, 인생을 인생의 밖에서, 높은 위치에서 굽어보면서 가르치려고 한 것이다. '삼십삼천三十三天'을 말하고 '삼세육도三世六道'를 말하는 불가佛家의 눈에 비친 인생이란, 정말 하나의 꿈에 불과한 것이다. 그렇게 무상하고 환상幻像에 불과한 인생에서, 부귀와 영화를 얻기 위하여 수단 방법을 가리지 않고 온갖 부정과 악덕을 감행하는 일부 세상 사람들의 태도는 어리석은 것이며, 사랑과 미움과 분노와 기쁨에 집착하고 연연하는 태도는 우스꽝스러운 노릇이라는 것을 크게 깨닫게 하려는 것이다. 즉 어디까지나 권선징악의 설교인 것이다. 그러하기에, "분수를 편안하게 여기고 천명에 순종하면서, 착한 일을 닦고 맡은 직무職務를 부지런히 하라(安分順命 修善勤職)."고 말하였고, 사후死後에 죄업罪業이 산처럼 쌓이는 일이 없게 하라고도 하였다. 또 "복덕을 쌓아 차손에게 남겨 주라(積福德遺子孫)."느니, "일을 처리하는 것은 의儀로써 하고 남을 응대하는 것은 자비심으로 하라(處事以義應物以慈)."고도 하였다.

우리는 아직 내세來世가 반드시 있다는 것을 알지 못한다. 따라서 현세現世의 죄업罪業이 과연 응보應報를 받아 삼세육도를 윤회輪廻하게 된다는 것도 믿지 못한다. 그러나 적어도 한 사람 한 사람의 인생을 생각한다면 그야말로 한낱 꿈 같고 허무한 것임에 틀림이 없다. 짧은 인생 일대를 선량하고 착실하게, 그리고 깨끗하게 살아야 한다는 것은 올바른 견해일 것이다. 독자는 모름지기 가슴에 손을 얹고 고요히 이 고차원적이고도 청량음료처럼 가슴이 후련하여지는 명문장을 음미吟味하여 주길 바란다. 반드시 〈술몽쇄언〉은 우리의 가슴에 무엇인가 안겨 주는 것이 있을 것이다. 이 책을 번역하는 의도도 여기에 있다.

갑인甲寅 중춘仲春 무학산장에서
南晚星 씀

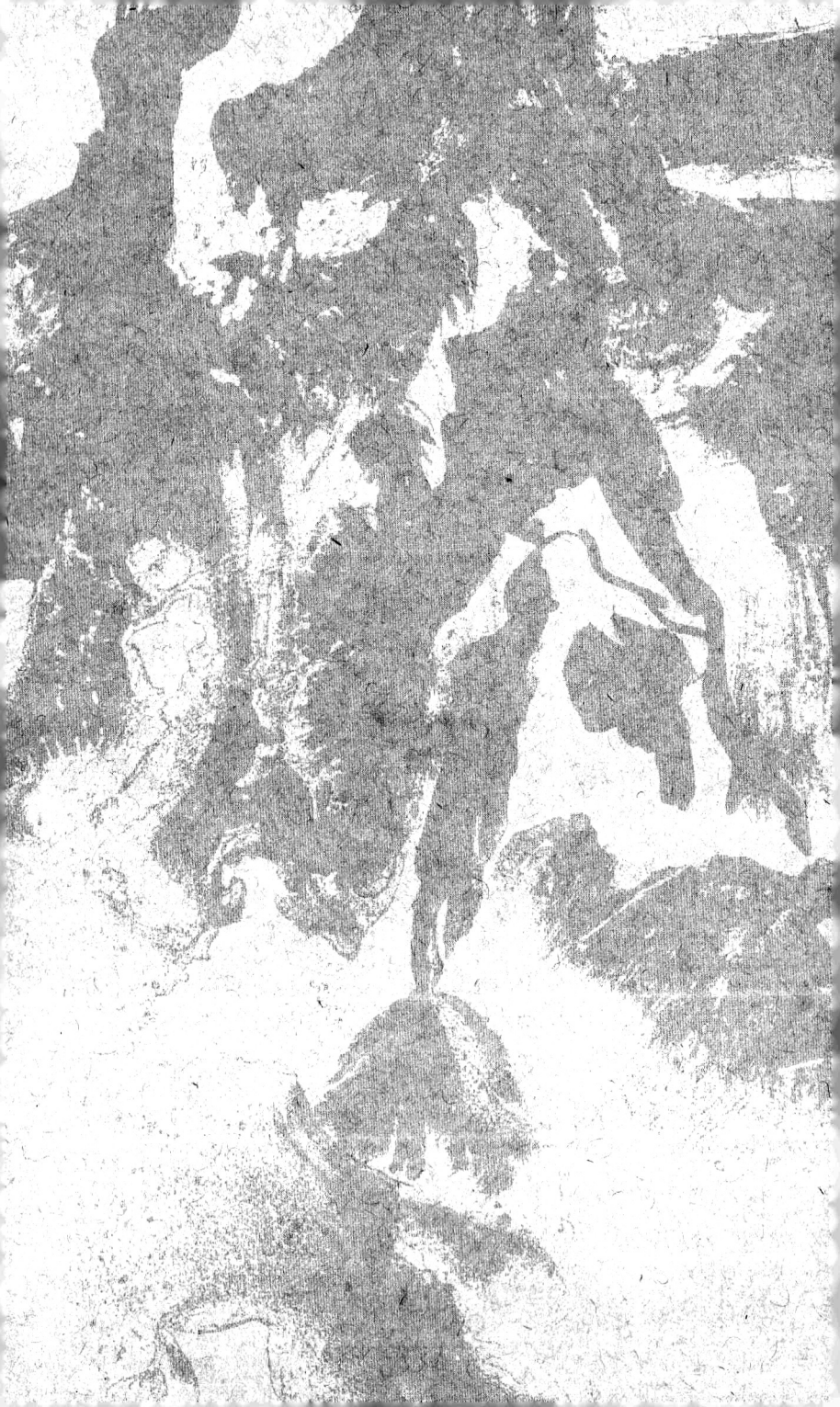

| 차례 |

머리말   5

자서自叙	17	지상知常	20
망환妄幻	24	수요壽夭	27
자성自成	32	지귀知歸	34
구아求我	39	유무有無	42
유존猶存	45	상통相通	52
혼백魂魄	56	승추升墜	59
연감緣感	63	구원仇怨	66
자시自是	70	불이不二	73
굴신屈伸	76	초연超然	79
망취妄取	82	문심問心	85
귀호鬼狐	92	귀천貴賤	99
자구自求	103	업명業命	109
동치冬雉	113	관신觀身	120

관심觀心	126	호접蝴蝶	130
개안開眼	133	인진認眞	136
잠견蠶繭	139	취산聚散	144
명실名實	147	퇴은退隱	150
무휼無恤	154	탁숙托宿	157
오공悟空	161	융만戎蠻	165
우취愚醉	169	화조花鳥	174
인연因緣	178	확금攫金	182
연객燕客	186	제소啼笑	191
승봉蠅蜂	195	화속化速	199
임용賃傭	205	능소能所	209
적조寂照	213	청탁淸濁	216
권국圈局	219	난오難悟	222
전도顚倒	225	발영髮影	228
어조魚鳥	231	명기名氣	235
노애怒愛	238	품수稟殊	243
오인誤認	246	독지獨知	249
무아無我	253	인영印影	257

화소畵塑	260	허명虛名	264
비지非知	267	차별差別	271
자의自疑	275	심적心迹	278
아환我幻	282	세계世界	285
이오易悟	288	포의泡衣	292
징험徵驗	296	고명孤明	299
수영守影	303	무념無念	307
논학論學	311	형영形影	315
정진精進	317	진여眞如	321
평등平等	325	수경水鏡	329
미진迷盡	334	구흔垢痕	338
중외中外	342	매수昧受	345
안화眼華	349	정념正念	352
발跋	356		

자서自敘

월창 거사月窓居士는 해동海東 사람이다. 타고난 성품이 어리석고 못나서 남과 사귀어 놀기를 좋아하지 않았다. 고요한 밤이 되면 언제나 창문을 열고 달을 상대하여 유연悠然히 홀로 앉아 있곤 하였다. 그래서 스스로 호號를 월창月窓이라고 하였다.

하루는 술에 취하여 창 아래에 쓰러져 누웠다가 그대로 한 꿈을 꾸었다. 잠이 깨어서 사람들에게 꿈 이야기를 하니, 듣는 이가 어리둥절해 하였다. 이에 그 이야기를 기록하고 그 본 바를 적어 〈술몽쇄언述夢瑣言〉이라고 이름을 붙였다.

그 말이 자질구레하고, 좀스러워서 꿈 깬 사람을 대하여 이야기할 만한 것이 못 된다는 뜻이다.

月窓居士 海東人也 素性愚拙 不喜交遊 每於夜靜 開窓對月 獨坐悠然 因自號曰月窓 一日頹臥窓下 仍成一夢 睡覺向人言夢 聽者茫然 乃記其說 志厥所見 名曰述夢瑣言 謂其言瑣屑 不足爲夢醒者道云爾

自叙(자서) : 叙(서)는 序(서)와 같은 뜻이니, 스스로 쓴 서문.
海東(해동) : 우리 나라를 가리키는 말. 바다의 동쪽이라는 뜻.
素性(소성) : 타고난 성질. 천성.
悠然(유연) : 태도나 마음이 태연한 모양.
頹臥(퇴와) : 頹(퇴)는 무너진다는 뜻이니, 몸이 무너지듯 쓰러져 누움. 술에 취하여 몸을 가누지 못하고 쓰러져 눕는다는 말.
茫然(망연) : 어리둥절하여 정신을 잃는 모양.
志厥所見(지궐소견) : 志(지)는 誌(지)와 같으니 적는다는 말. 즉 꿈에 본 것을 적는다는 뜻.
瑣屑(쇄설) : 부스러기와 가루. 즉 자질구레하고 보잘것없는 것.

이 서문 가운데 "남과 사귀어 놀기를 좋아하지 않았다. 고요한 밤이 되면 언제나 창문을 열고 달을 상대하여 유연히 홀로 앉아 있곤 하였다······."고 한 대문에서, 우리는 이 〈술몽쇄언〉의 저자인 월창 거사月窓居士가 사색에 잠겨 있는 모습을 상상할 수 있다. 앞으로 우리는 그의 그 유연한 인간상을 생각하면서 고요한 마음으로 이 책을 읽어 간다면, 반드시 무엇인가 우리의 가슴에 오는 것이 있을 것이다.

지상 知常

세상 사람들은 깬 것을 떳떳함(常)이라고 하고, 꿈꾸는 것을 환상幻像이라고 한다. 꿈이라는 것은 깨지 않은 것의 이름이고, 깨었다 함은 미혹迷惑하지 않는 것을 일컫는 말이다.

꿈이 만약 환상幻像이라면 꿈속에 있는 것은 무상無常한 것이라고 말할 수 있다. 깨어 있는 것이 만약 떳떳한 것이라면, 꿈 밖에 벗어난 것이라야 비로소 떳떳함이라고 말할 수 있을 것이다.

세상의 소위 대장부라는 자, 과연 그 어느 것이 떳떳함이고, 어느 것이 무상함이라는 것을 능히 알고 있는가.

떳떳함이란 변하지도 않고 환상도 아닌 것이니, 진실로 자신의 몸속에 변하지도 않고 환상도 아닌 것이 있음을 안다면 떳떳함을 안다고 말할 수 있을 것이다.

世人以覺爲常 以夢爲幻 夢者不覺之名 覺者不迷之稱 夢若是

幻 在夢者可謂無常 覺若是常 出夢者乃可謂常 世所謂大丈夫者 果能知其何者是常 何者是無常乎 常者不變不幻 苟知身中有不變不幻之物 則可謂知常

覺(각) : 깬 것.
常(상) : 떳떳함. 항상 변함이 없는 것. 영원히 변하지 않고 항상 있는 것.
幻(환) : 환상幻像. 감각의 착오에서 오는, 실상實像이 아닌 허상虛像.
迷(미) : 미혹迷惑이니, 정신이 헷갈려서 어지럽게 헤매는 것. 마음이 어둡고 흐려서 바른 것을 파악하지 못함.
無常(무상) : 떳떳함이 없음. 모든 것이 늘 변하고 바뀜.
出夢(출몽) : 꿈을 벗어남. 꿈을 깸.
大丈夫(대장부) : 늠름하고 씩씩한 남자.
知常(지상) : 떳떳한 것이 무엇인가를 앎. 영원불변의 것이 무엇인가를 안다는 말.

 세상 사람들이 깨어 있는 것을 떳떳한 것이라고 하고, 꿈꾸는 것을 환상幻像이라고 한다. 그러니 꿈꾼다는 말은 깨지 못하였

다는 말이고, 깨었다는 말은 미혹迷惑함이 없이 정체를 바로 파악하였다는 말이 된다는 것이다.

"꿈이 환상이라면, 꿈속에 있는 것은 곧 변하고 바뀌는 무상한 것이라고 할 수 있고, 깨어 있는 것이 떳떳한 것이라면 꿈밖으로 벗어 나온 것은 상구불변常久不變의 것이라고 말할 수 있다."

이렇게 저자는 우선 '꿈은 환상', '깬 것은 떳떳함'이라는 전제를 인정한다. 그러나 세상의 대장부들은, 과연 어느 것이 떳떳한 것이고 무엇이 무상한 것인가를 아는가 하고 반문했다.

이것을 다시 말하면, 그 어느 것이 깬 것이고, 그 어느 것이 꿈꾸는 것인가, 혹은 꿈꾸는 것이 진정 깬 것이고, 깬 것이 도리어 꿈인지도 모른다. 진정 떳떳하다는 것은 상구불변하는 '참'인 것이다. 사람이 진실로 자신의 속에 변하지도 않고 환상도 아닌 상구불변의 것이 있다는 것을 안다면, 그는 어떠한 것을 안다고 말할 수 있다고 하였다.

노자老子는, "말할 수 있는 도道는 상도常道, 즉 영원불변의 도가 아니고, 이름붙일 수 있는 이름은 영원불변의 이름이 아니다."라고 하였다. 그는, 말로 표현할 수도 없고 이름지을 수도 없는 크고 영원한 것을 도道라고 하였다.

여기 〈술몽쇄언〉의 저자는 과연 무엇을 떳떳한 것, 즉 영원불변하는 것이라고 생각하는 것일까? 그것도 사람 자신의 속에 존재하는 것을 시사하고 있다. 과연 그것이 무엇일까? 그것은 바로 이 저서의 결론이 될 것이며, 이 저서가 씌어진 이유이며 목적일지도 모른다. 우리는 성급히 굴지 말고 이 저서가 이끌어 가는 결론에의 도정道程을 더듬어 가 보기로 하자.

  여기에 옛 시 한 수를 옮겨 본다.

> 모든 냇물 밤낮으로 흘러가고
> 온갖 것 서로 이어 가 버리건만
> 오직 하나 숙석宿昔의 마음이 있어
> 오늘도 변함없이 옛터를 지키고 있네.
> 百川日夜逝 物物相隨去
> 惟有宿昔心 依然守故處

망환 妄幻

깨어서, 꿈꾸던 일을 생각하면 행동한 것이 다 망작妄作이고, 본 것이 다 환상이다.

    대체로 꿈속에 있는 자는, 지혜가 그것이 환상幻像임을 깨닫지 못하고, 생각이 깬 것에 미치지 못한다. 그러고는 도리어 꿈 밖으로 벗어난 말을 가리켜 허탄虛誕하다고 한다.

以覺視夢 所行皆是妄作 所見皆是幻境 夫在夢者 知不能見於幻 思不能及於覺 而反以出夢之說 指爲虛誕

妄作(망작) : 사리에 맞지 않는 망령된 행동.
幻境(환경) : 환상의 세계.
出夢之說(출몽지설) : 꿈의 테두리를 벗어난 말. 참된 말.

虛誕(허탄) : 허망함. 거짓되고 망령됨.

잠을 깨어서 꿈속의 일을 생각하여 보면, 꿈속에서 한 행동은 다 망작이고 꿈속에서 본 것은 다 환상幻像의 세계일 뿐이다. 그러나 꿈속에서는 그것이 환상인지를 알지 못하며, 깬 뒤의 일에 생각이 미칠 수도 없다.

도도滔滔한 세상 사람들, 모두 꿈속에서 헤매면서, 꿈의 테두리를 벗어난 선각자의 말을 도리어 허탄하다고 한다고 개탄하고 있다.

월창 거사가 말하는, "꿈의 테두리를 벗어난 말"이란 과연 어떤 것을 가리키고 있을까? 불가佛家에서 말하는 정각正覺 같은 것일까, 아마 그러할 가능성이 많다.

그러나 구태여 그러한 심오한 이치를 생각지 않아도 좋지 않을까. 이 세상에는 욕망의 꿈에 취하고 영화의 환상幻像에 홀려 깨지 못한 채, 미로迷路·사로邪路를 헤매는 사람들이 얼마나 많은가. 그러나 그들은, "그것은 꿈이며 환상이다."라고 타이르는 사람이 있으면 도리어 그를 비웃을 것이다.

〈순자荀子〉정론正論에 이런 말이 있다.

> 얕은 것과는 더불어 깊은 것을 헤아릴 수 없고

어리석은 자와는 더불어 지혜를 꾀할 수 없으며

우물 안 개구리와는 동해東海의 즐거움을 말할 수 없다.

淺不足與測深 愚不足與謨智

坎井之䵷 不可與語東海之樂

수요 壽夭

일원一元이란 것은 천지의 꿈이요, 일세一世라는 것은 인물人物의 꿈이다. 일원은 큰 꿈이고, 일세는 작은 꿈이다.

만물 중에는 그 생명이 만 년 천 년을 누리는 것이 있고, 백 년 십 년을 누리는 것이 있으며 잠깐 났다가 곧 죽는 것이 있다. 장수長壽한다는 것은 긴 꿈이요, 요사夭死한다는 것은 짧은 꿈이다.

꿈을 깨기 전에 수壽가 비록 만 년 천 년이 될지라도 그것은 즉 만 년 천 년의 긴 꿈속의 일일 뿐이다.

저 하룻밤의 꿈이, 어떤 것은 해를 지내는 것 같은 오랜 것이 있고, 어떤 것은 순식간의 잠깐인 것 같은 것이 있다. 그 길고 짧음이 비록 다르나 모두가 다 환각幻覺에서 오는 것이니 한 번 웃고 말아야 할 것인데, 꿈속에 있는 자들은 오히려 간절히 연모戀慕하여 차마 잊지 못하는구나.

一元者 天地之夢 一世者 人物之夢 一元大夢 一世小夢 萬物之生 有經萬千歲者 有亨百十年者 有暫生卽死者 壽是長夢 夭是短夢 未覺之前 壽雖萬千 卽一萬千年長夢中物 夫一夜之夢 或有如歷年之久 或有如瞬息之暫 長短雖異 均是一幻覺來 可付一笑 在夢者尙且眷眷

一元(일원) : 30년이 일세一世, 12세가 일운一運, 30운이 일회一會, 12회가 일원一元이니 천지는 1원을 단위로 하여 한 번 변전한다고 함.
一世(일세) : 사람의 일생一生.
壽(수) : 수명이 긴 것.
夭(요) : 요수夭壽이니, 수명이 짧은 것.
幻覺(환각) : 없는 것을 마치 있는 것처럼 감각하는 것.
尙且(상차) : 상尙도, 차且도 '오히려'라는 뜻.
眷眷(권권) : 간절하게 생각하여 차마 잊지 못하는 모양.

위에서 꿈은 무상無常하다고 하였다. 무상이란 변하고 바뀐다는 것을 의미한다. 변하고 바뀌는 것은 참모습은 아니다. 참이란 영구불변하는 것이다. 변하고 바뀌는 것은 환영幻影일 뿐이다.

  천지는 일원一元을 일기一期로 하여 변전한다. 인생은 일생一生을 일기로 하여 사라진다. 그렇다면 12만 9천 6백 년을 일기로 하는 천지나, 일생一生을 일기로 하는 인간이나, 잠깐 나서 즉시 죽어 버리는 하루살이나, 결국에 있어서는 모두 변하고 바뀌는 것이니, 그것은 다 환상적인 존재에 불과하다. 결국 천지의 일원一元은 긴 꿈이고, 인생의 일생은 짧은 꿈일 뿐이다. 장수하는 사람이나 요수夭壽하는 사람이나, 인생이란 한낱 무상한 꿈에 불과하다는 것이다. 인생이란 한 번의 웃음거리에 지나지 않는다. 그렇건만 저 꿈속에 사는 많은 세상 사람들은 그 꿈속의 환상들에 얽매여 간절한 미련의 마음을 차마 버리지 못한다는 것이다.

  옛 시에 이런 것이 있다.

> 조화는 사람을 환상幻像처럼 놀리고
> 달인達人은 환상 보길 내 몸 보듯 한다네.
> 인생과 환꽃[幻花]은 필경 같은 하나인 것을
> 어느 것이 참이고 어느 것이 참 이닌가.
> 造物弄人如弄幻　達人觀幻似觀身
> 人生幻花同爲一　畢竟誰眞誰匪眞

또 짧은 인생살이, 무엇을 그렇게 악착스럽게 구는가 하면서 읊은 옛 시에 이런 것도 있다.

> 달팽이 뿔 같은 좁은 인생에 무엇을 다투는가,
> 불똥처럼 반짝하고 사라지는 짧은 인생이 내 몸인 것을.
> 蝸牛角上爭何事 石光光中寄此身

이러한 인생관 내지 우주관은 자칫하면 우리에게 허무감을 안겨 주기 쉽다. 그리하여 인생이란 것을 비관하거나 경시하는 방향으로 떨어지는 일이 있을 수 있다.

실은, 이러한 허무감이 우리 나라 사람들의 사고방식에 끼친 영향은 크다. 인생을 남의 일처럼 관망觀望하는 소극적인 태도가 거기에서 왔으며, 안빈낙도安貧樂道를 구실로 하여 인생을 도피하는 생활도, 초연달관超然達觀한 체, 인간의 일상생활의 절실함을 외면하는 허탈虛脫도 거기에서 온 것이다. "노세, 젊어서 노세." 하는 나태와 퇴폐에 떨어지는 버릇도 이 허무감에서 유래한 것이다. 우리는 단연코 이러한 타성에서 벗어나야 할 것이다.

그러나 진정 크게 깨달은 사람들이 인생무상을 말한 본의가, 어찌 그러한 것에 있었겠는가. 사람들로 하여금 인생人生을 태업怠業 내지 폐업廢業하게 하는 사태를 빚기 위하여 그런 말을 한 것은 아닐 것이다. 부귀와 영화를 위하여 수단 방법을 가리지 않고 부정과 불의를 돌보지 않는 사람들에게, 높고 넓은 큰 안목으로 인생을 한번 굽어 살펴보라고 가르친 경고일 것이다.

인간의 일생이란, 생소한 길을 처음 가고 있는 나그네와 같은 것이 아닐까. 부지런히 한눈팔지 말고 걷는 것이 좋을 것이다. 그러나 이따금 높은 언덕에 서서, 오던 길을 돌아다보며, 앞으로 갈 길을 살펴보아 방향을 바로 정하고, 크게 숨을 들이마셔 새로이 기운을 낼 필요가 있는 것이다. 여기에서 월창 거사가 말한 인생무상도 그러한 가르침으로 받아들여야 할 것이다.

자성 自成

꿈속에도 또한 천지와 만물이 있다. 그것은 천지와 만물이 와서 나의 꿈속으로 들어온 것일까, 아니면 내가 가서 천지와 만물을 본 것일까. 꿈에 갑과 을이 함께 술을 마셨다. 그런데 갑과 을은 같은 꿈을 꾸지 않는다. 그러니 이 어찌 일찍이 오고 감이 있었겠는가. 다 내 마음이 스스로 허망虛妄하게 이룬 것이다.

夢中亦有天地萬物 其天地萬物 來入吾夢歟 抑吾往見天地萬物歟 夢與甲乙飮酒 而甲乙不夢 是何嘗來往 皆我自心妄成

自成(자성) : 자신의 마음이 이루어 놓은 것.
妄成(망성) : 허망하게 이룬 것. 자신의 마음이 이루어 놓은 허상虛像.

꿈에서 갑이 을과 함께 술을 마시는 일이 있다. 그러나 을은 그때에 그러한 꿈을 꾸지 않는다. 그러니 사람의 꿈속에 나타나는 모든 현상은 다 자신의 마음의 작용에서 일어나는 허망한 환상이라는 것이다.

원래 꿈이란, 꿈을 따라 몸이 움직이거나 꿈속에서 한 일이 자취를 남기는 일은 없다. 그저 허망할 뿐이다.

이런 옛 글귀들이 있다.

> 꿈속에서 갈매기 따라 만 리를 훨훨,
> 깨어 보니 몸은 그대로 석양의 물가에 있네.
>
> 夢與沙鷗飛萬里 覺來身在夕陽洲

또 간절한 연정戀情을 읊은 이런 시도 있다.

> 만약 꿈속의 혼, 다니는 자취 있었다면
> 그대 문 앞의 돌길이 반은 모래가 되었으리.
>
> 若使夢魂行有跡 門前石路半成沙

지귀 知歸

세상 사람들의 어떤 이는 삶을 참이라 하고, 죽음을 환상幻像이라고 한다. 어떤 이는 사는 것은 잠깐 붙어 있는 것이고, 죽는 것은 본자리로 돌아가는 것이라고 한다.

죽음을 환상이라고 한다면, 죽음이란 산 사람의 꿈일 것이며, 사는 것을 잠깐 붙어 있는 것이라고 하면, 산다는 것은 죽은 사람의 꿈일 것이다.

대체로 살아서 깨지 못하면 그 삶은 참이 아니고, 죽어서 깸이 없다면 그 죽음은 제자리로 돌아간 것이 아닐 것이다.

삶을 알면 죽음을 알고, 죽음을 알면 돌아간다는 것을 알 것이다. 돌아간다는 것을 아는 자는 생사生死의 꿈 밖에 뛰어난 사람이다.

世人或以生爲眞 而以死爲幻 或以生爲寄 而以死爲歸 以死爲

幻 死是生者之夢 以生爲寄 生是死者之夢 夫生不覺則其生非
眞 死無覺則其死非歸 知生則知死 知死則知歸 知歸者出於生
死之夢

以生爲寄(이생위기) : 사람이 이 세상을 사는 것은, 마치 잠깐
　　남의 집에 기류寄留함과 같다는 말. 회남자淮南子에, 우禹가
　　강을 건너는데 황룡黃龍이 와서 배를 짊어지니 배 안의 사람
　　들이 모두 겁내어 얼굴빛이 변하였으나, 우禹는 태연히 웃으
　　며, "산다는 것은 잠깐 기류함이요, 죽는다는 것은 본집으로
　　돌아가는 것이다. 어찌 마음의 안정을 어지럽힐 것인가." 라
　　고 하였다는 이야기가 있음.
以死爲歸(이사위기) : 죽는다는 것은 본래의 자리로 돌아가는
　　것이라는 말.
知歸者出於生死之夢(지귀자 출어생사지몽) : 죽는 것이 돌아가는
　　것이라는 것을 안다는 것은, 삶과 죽음이 각각 어떠한 것이라
　　는 것을 알아야만 죽는 것이 돌아가는 것임을 알 수 있는 것
　　이니, 돌아간다는 것을 아는 사람은 삶에도 죽음에도 그 꿈의
　　테두리 밖에 벗어나서 진정 삶과 죽음의 실체를 아는 사람이
　　라는 말.

사람은 누구나 한 번은 죽음에 직면한다. 천지 사이에 인간이 존재해 온 이래로 이것만은 한 사람의 예외도 없다. 죽음은 본인의 의사가 어떻다든가, 사정이 어떻다든가, 그 사람의 인격이나 지위가 어떻다는 따위는 전연 고려하는 일이 없다. 죽음은 언제나 제 오고 싶은 때에 홀연히 오고야 만다. 그나마 한 번 죽기만 하면 다시 살지는 못한다. 인생에 있어서 이보다 더 절실한 문제가 있겠는가.

어떤 친구가 죽음에 직면하여 했다는 말이 솔직하여 재미있다. "죽는다, 죽는다 하기에 지금까지는 남의 일로만 여겼더니, 이제 내가 또한 죽게 되었으니 이것이야말로 기막히는 일이구나."라고 하였다 한다.

그렇다. 누구도 죽음을 영원히 남의 일로만 보고 있을 수는 없다. 그렇기에 이 죽고 사는 문제에 대하여 사람들은 여러 가지 상상들을 하고 있다.

어떤 이는, 우리가 살고 있는 그 사실만이 참이다, 죽음이란 아무것도 없는 것이다. 한 환영幻影일 뿐이라고 하고, 어떤 이는 반대로, 죽음의 세계가 따로 실존한다, 그리고 그것이 인간의 본래의 제 위치이며, 산다는 것은 잠깐 세상에 기류하고 가는 것에 불과하다, 죽는다는 것이야말로 본집으로 돌아가는 것이라고 말한다. 이렇게 내생來生이 있다고 보는 설이 불가에서 말하는 왕생극락往生極樂이니, 삼생三生이니 하는 것이며, 예수의 영생설永生說 · 천당설天堂說이 그것이다. 하우씨夏禹氏 같은 성인은 바로, "삶은 기류함이요, 죽음은 돌아가는 것이다."라고 하였다. 그러나 공자孔子는, "삶도 잘 모르는데 어떻게 죽음을 알겠느냐."라고 하여, 인간의 실생활만을 바르게 살아가라는 실천적인 태도를 표명하였다.

과연 생과 사, 그 어느 것이 참모습이고 어느 것이 환상인가. 인생은 어디에서 와서 어디로 돌아가는 것일까. 그러나 누구도 이 죽음과 삶에 대하여 정확한 단안斷案을 제시할 수는 없을 것이다. 죽은 사람은 다시 살아나지 못하는 것이니 증언證言할 사람이 없기 때문이다. 그러나 사람은 이 생사관生死觀에 따라 인생을 살아가는 태도가 아주 달라질 수 있다. 비겁할 수도 있고, 의젓하고 굳셀 수도 있다. 염세사상厭世思想을 일으킬 수도 있고, 낙천주의자樂天主義者가 나올 수도 있다. 관대하고 선량할 수도 있고, 악착 같고 각박할 수도 있다. 허탈에 빠질 수도 있고, 착실하고 근면할 수도 있다.

도대체 우리들은 어떠한 생사관을 가져야 할까? 한마디로 말하기는 어려울 것이다. 그러나 우리 인간은 누구나 생사生死라는 문제를 모면할 수도, 회피할 수도 없는 것이라면, 우리는 우리에게 주어진 현실의 삶을 충실하고 선량하게 영위하다가, 죽음이 오면 그것을 순순히 받아들여 당황하지도 않고, 미련을 남길 것도 없이, 태연하고 자연스럽게 가는 것이, 사람이 현실적으로 취할 수 있는 최선의 태도가 아닐까 한다. 너무나 상식적인 얘기다. 그러나 다른 길이 없지 않은가. 그러하기에 공자는, "삶도 모르면서 죽음을 어떻게 알겠느냐."고, 현실에서의 충실을 말한 것이 아닐까. 그러나 이것은 역자譯者의 견해일 뿐이다. 월창 거사月窓居士는 여기에서 생사관의 견해 표명을 보류하고 있다. 그의 생사관은 좀더 고차원적이고 달관적인 것 같다. 그는 지귀知歸라는 것을 높이 평가하고 있다. '죽는 것이 돌아가는 것'임을 안다는 것은, 생生도 사死도 그 테두리 밖에서 관찰하여 참을 안 뒤라야 비로소 말할 수 있는 견해이니, '돌아간다'고 하는 것을 아는 사람은 생生의 꿈에서도 사死의 꿈에서도 깨어 있는 뛰어난 인물이라고 말하고 있다. 다시 말하면, 뛰어난 인물은 생과 사의 참모습을 알고 있다는 말일 것이다.

구아 求我

깬 것을 나라고 한다면 꿈꾸는 자는 누구일까, 꿈꾸는 것을 나라고 한다면 깬 자는 누구일까.

산 것을 나라고 한다면 죽은 자는 누구일까, 죽은 것을 나라고 한다면 산 자는 누구일까.

깨어서 꿈을 알지 못한다면, 깨었다는 것은 꿈의 환상일 것이다. 꿈에서 깸을 알지 못한다면, 꿈은 깸의 환상일 것이다.

살아서 죽음을 알지 못한다면, 산다는 것은 죽음의 변형變形일 뿐이다. 죽어서 삶을 알지 못한다면 죽음은 삶의 변형일 것이다. 꿈과 깸이 서로 환상이 되고, 죽음과 삶이 서로 변형일 뿐이다. 그래서 그 사이에 나를 찾으나 진실한 곳을 알지 못한다. 세상에서는 한 사람도 여기(진실한 곳)에 도달한 사람은 아마 없을 것이다.

아아! 온 세상이 바야흐로 꿈속에 있는 것일까.

以覺爲我 夢者是誰 以夢爲我 覺者是誰 以生爲我 死者是誰
以死爲我 生者是誰 覺不知夢 覺是夢之幻 夢不知覺 夢是覺
之幻 生不知死 生是死之變 死不知生 死是生之變 夢覺互幻
死生相變 而求我於其間 未得眞實處 世無一人 疑到於此者
噫擧世方在夢裏耶

求我(구아) : 나를 찾고 있음.

覺不知夢 覺是夢之幻(각부지몽 각시몽지환) : 꿈속에서는 깬 때의 일을 알지 못한다. 그것은 꿈이란 것이 참이 아니고 환상이기 때문이다. 반대로 깨어서 꿈속의 일을 모른다면 깨었다는 것이 도리어 꿈의 환영이라는 말.

生不知死 生是死之變(생부지사 생시사지변) : 살았다는 것은 환상 아닌 것을 의미한다. 참으로 살았다면 삶과 죽음의 테두리 밖에서 생生과 사死의 참모습을 알아야만 비로소 참으로 살았다고 할 수 있다. 만약 살아서 죽음 속의 일을 모른다면, 그 살았다는 것은 죽은 것의 한 변형일 뿐이다. 실은 죽음과 같은 것이라는 말.

깨어 있는 사람이 나인가, 꿈꾸는 사람이 나인가. 살아 있는 사람이 나인가, 죽었다는 사람이 나인가. 깨어서는 장차 꿈꿀 것을 알지 못하고, 꿈속에서는 깬 뒤의 일을 알지 못한다. 살아서는 죽은 뒤의 일을 알지 못하고, 죽어서는 살았을 때의 일을 알지 못한다.

어느 것이 참이며 어느 것이 환상인가. 어느 것이 나의 참모습인가. 아아! 나는 어디에서 와서 어디에 있는가. 또 어디로 가는가. 깸과 꿈, 삶과 죽음, 그 사이를 헤매며 찾아보아도 참 나는 찾을 수 없구나.

이 세상의 모든 사람들은 다 꿈속에 있는 것일까. 생사몽각生死夢覺을 초월한 그 테두리 밖에서 진정한 나의 모습을 찾아내는 이는 누구일까? 하고 월창 거사는 탄식하고 있는 것이다.

유무 有無

어떤 이는 말하기를, 사람이 난다는 것은 없던 것이 홀연히 있게 되는 것이고, 죽는다는 것은 있던 것이 갑자기 없어지는 것이라고 한다.

혹은 있다고 하고 혹은 없다고 하며, 오래되면 장차 민멸泯滅한다고 한다. 이것은 다 정식情識의 망령된 추측이고 무생無生의 이치를 모르는 것이다.

홀연히 꿈을 꾸고 홀연히 깨곤 한다. 그러니 능히 꿈을 꾸기도 하고 능히 깨기도 하는 것이 있다는 것을 알 수 있다. 꿈이 있기도 하고 꿈이 없기도 하다. 그러니 능히 혹 꿈을 꿀 수도 있고, 혹 꿈을 꾸지 않을 수도 있는 것이 있다는 것을 알 수 있다.

죽고 사는 것은 큰 꿈이다. 깨고 잠자고 하는 것은 작은 꿈이다. 그 작은 꿈은 큰 꿈에 따라 있게도 되고 없게도 되곤 한다. 그리고 큰 꿈은 꿈 아닌 것에 의지하여 숨기도 하고 나타나기도 한다.

或曰生者自無而忽有 死者自有而忽無 曰或有或無 曰久且泯滅 是皆情識妄度 不知無生之理也 忽夢忽覺 而知其有能夢能覺者 有夢無夢 而知其有或夢或不夢者 死生大夢 寤寐小夢 夫小夢依於大夢而有無 大夢依於非夢而隱現

泯滅(민멸): 사라져 없어짐.
情識(정식): 감정感情과 지식知識.
無生之理(무생지리): 무생無生의 이치. 무생은 천지만물이 본래 나지도 않고 민멸泯滅하지도 않는다는 말.
非夢(비몽): 꿈 아닌 것. 참.

　천지만물은 원래 나지도 않고 민멸하지도 않는 것이다. 그렇건만 사람들은 나는 것을 보고는 없던 것이 홀연히 있다고 하며, 죽는 것을 보고는 있던 것이 홀연 없어진다고 한다. 혹 있다고도 하고 혹 없다고도 한다. 오래되면 장차 민멸한다고도 한다.
　그러나 그것은 다 사람들이 자신의 지식과 감정으로 그렇게 생각할 뿐이다. 도대체 잠자고 깨고 하는 것은 꿈이고, 죽고 사는 것은 큰 꿈일 뿐이다. 그 참의 본질에는 아무런 변함이 없다. 생사몽각生死夢覺이란 모두가 환상일 뿐이다. 이런 것들을 초월한, 진정 꿈이 아닌 항구불멸恒久不滅의 참이 따로 존재한다는 것이다.

옛 시에 이런 것이 있다.

> 구름이 달려도 하늘은 움직이지 않고
> 배는 흘러가도 언덕은 옮기지 않네.
> 본래에 기쁨과 슬픔을 일으킬 만한
> 아무런 것도 없는 것을.
> 雲走天無動 舟行崖不移
> 本是無一物 何處起歡悲

유존 猶存

꿈속에서 고관高官이 되고 진중珍重한 보물을 얻고 귀한 아들을 낳았으며 아름다운 애인을 얻는다. 이에 공업功業을 세우고 전지田地와 저택을 많이 가진다. 자식을 잘 가르쳐서 영화를 구하고, 미인을 데리고 다니며 즐거움을 누린다.

그러다가 홀연히 꿈을 깨면, 사람은 그 사람이나 환경은 그것이 아니다. 무엇을 잃어버린 듯 낙망하여 어리석게도 미련이 오히려 남는다. 전에, 본래 이 꿈이 없었을 때에는 일찍이 이러한 미련이 없었던 것인데, 이제 이미 꿈은 사라졌건만 미련이 오히려 남아 있는 것은 무슨 까닭일까.

세상 사람들이, 경륜經綸이 겨우 이루어졌을 때 홀연히 죽는 일이 있다. 그들이 만약 죽어서 어리석은 미련이 오히려 남아 있다면, 신神은 어둡고 혼魂은 탁하며 정精은 맺히고 넋은 고체固滯하여, 곳을 따라 아득히 헤매다가 물건을 만나면 나타난다. 그리하여 꿈속의 꿈, 환상 중의 환상이 되어 이르지 않는 데가 없게 된다.

夢中占高官 獲重寶 生貴子 卜美姬 於是乎 建立功業 廣置田宅 敎子求榮 携姬行樂 翻然夢覺 人是境非 缺然如失 痴想猶存 夫俄者本無此夢 曾無此想 今旣夢去 而想猶存者何 世人經綸纔成 奄然長逝 若死而痴想猶存 則魂暗魂濁 精結魄滯 隨境而迷 遇物則著 夢中之夢 幻中之幻 靡所不至

卜美姬(복미희) : 卜(복)은 선택選擇한다는 뜻이니, 아름다운 여인을 골라 얻음.

翻然夢覺(번연몽각) : 홀연히 꿈이 깸. 翻然(번연)은 뒤치듯 갑자기 변하는 모양.

人是境非(인시경비) : 사람은 그 사람 그대로지만 환경은 그대로가 아님.

缺然(결연) : 실망하는 모양.

痴想(치상) : 어리석은 생각. 못난 생각. 즉 어리석은 미련.

經綸(경륜) : 일을 조직적으로 잘 계획함. 나라를 다스릴 포부.

長逝(장서) : 죽음.

꿈속에서 한껏 행복을 누리다가 홀연히 잠을 깨었을 때에, 그 꿈속의 행복에 오히려 연연한 미련을 지녀 차마 잊지 못한다면, 그것은 어리석은 못난 노릇이다.

그것은 꿈속의 일만은 아니다. 인생에서의 일도 마찬가지다. 원래 인생이란 한낱 꿈인 것이다. 만약 사람이, 자기의 포부가 겨우 실현되었을 때에 갑자기 죽는다면 그것은 꿈꾸다가 홀연히 깬 것과 같은 것일 뿐이다. 그런데 그것에 미련을 두어 차마 잊지 못한다면 정신과 혼백이 어둡고 탁하게 응결하고 고체固滯되어 암귀暗鬼로 화한다는 것이다.

모름지기 꿈은 환상이라는 것을 알아야 하고, 인생도 한낱 꿈이란 것을 알아야 한다. 그 사이에 조그마한 미련이라도 남긴다면 못나고 어리석은 일일 뿐이라는 것이다.

꿈에 행복을 누렸다가 깨어 보니 허무하였다는 이야기는 예전부터 너무나 많다. 그것들은 바로 인생과 직결되는 풍자諷刺이기에, 여기에 그 대표적인 것을 한둘 소개하기로 한다.

노생盧生이라는 사람이 한단시邯鄲市에 있는 도사道士 여동빈呂洞賓의 집에서 여옹呂翁을 만났다. 청년 노생이 자신의 곤궁함을 한탄하니, 여옹이 견대肩帒 속에 두었던 베개를 조작하여 주며, "이 베개를 베면, 자네로 하여금 영화를 마음대로 누리게 할 것일세." 하였다.

  노생은 꿈속에서, 청하 최씨淸河崔氏의 딸에게 장가들고 진사에 뽑혔으며, 갑과甲科로 대과大科에 급제했다. 벼슬은 하서농우절도사河西隴右節度使가 되었다가 곧 중서시랑 동중서문하평장사中書侍郎同中書門下平章事에 승진하였다. 나라의 큰 정사를 맡음이 10년, 조국공趙國公에 봉작되었다. 30여 년 동안을 중외中外로 드나들면서 높은 덕망이 비길 데 없었다. 늙어서 벼슬에서 물러나기를 빌었으나 허락되지 않아 재관중在官中에 죽었다.

  기지개를 켜며 잠을 깨니, 처음 베개를 베고 누울 때 주인이 황량黃粱, 즉 기장으로 밥을 짓고 있었는데 아직 그 밥이 다 익지 않았다. 여옹呂翁이 웃으며 말하기를, "사람의 세상일도 또한 이와 같으니라."고 하였다고 한다. 이 이야기를 기장밥이 미처 익지 않았다고 하여 황량일취몽黃粱一炊夢, 또는 황량몽黃粱夢이라고 한다.

  이것과는 반대로, 우리 나라 〈삼국유사三國遺事〉에 나오는 조신調信의 꿈 이야기는 그 수법手法이 더욱 심각하다.

  신라 때 세규사世逵寺의 장사(莊舍, 農庄)가 명주 내이군溟州 捺李郡에 있었다. 중 조신調信이 장사莊舍의 관리인이 되어 부임하였다. 그때 군수郡守인 김흔공金昕公의 딸을 보고 조신은 매우 미혹迷惑하였다. 자주 낙산사洛山寺의 대비상大悲像 앞에 가서 몰래 그 여자와 관계하게 해 달라고 빌었다. 그렇게 한 지 두어 해를 지나는 동안에 그 처녀는 이미 다른 데로 시집을 갔다. 조신은 또 부처 앞에 나아가 자기의 뜻대로 되지 않은 것을 원망하면서 날이 저물도록 슬피 울다가, 지쳐서 잠이 들었다.

홀연히 김씨의 딸이 조용히 문을 열고 들어와 말하기를, "내 일찍이 스님을 보고 마음으로 사랑하여 잠시도 잊을 수 없더니 부모의 명령에 강박되어 억지로 다른 사람에게 시집갔습니다. 지금 당신과 함께 죽을 때까지 같이하고자 하여 찾아왔습니다." 고 하였다. 이에 조신은 매우 기뻐하여 함께 고향 집으로 돌아갔다. 40여 성상星霜을 함께 생활하면서 자녀 다섯을 두었으나 살림이 가난해져서 집은 오직 네 벽만 섰을 뿐이고 나물죽도 변변히 먹을 수 없었다. 드디어 영락零落하여 서로 이끌고 사방으로 돌아다니며 겨우 목숨을 이어 갔다. 이렇게 한 지 10년에 초야草野를 두루 유리걸식遊離乞食하니, 옷은 누더기가 되어 몸을 가리기도 어려웠다. 마침 명주溟州의 해현령蟹縣嶺을 지나다가 큰아이가 굶주림으로 죽었다. 통곡하면서 길가에 매장했다. 이제는 데리고 다닐 아이들이 네 명이었다. 우곡현羽曲縣에 이르러 길가에 모옥茅屋을 만들어 살았는데, 부부는 늙고 병들었으며 굶주려서 일어날 수가 없었다. 열 살된 계집아이가 돌아다니며 걸식하다가 개에 물려 앞에 와서 울부짖으며 누웠다. 부모들이 탄식하면서 눈물을 흘리다가 갑자기 아내가 눈물을 닦고 말하기를, "내가 처음 당신을 만났을 때에는 얼굴은 아름답고 나이는 젊었으며, 의복은 아름답고 고왔습니다. 한 가지 맛 좋은 음식이 있으면 그대와 나누어 먹고, 두어 자의 옷감이 있으면 그대와 함께하였습니다. 50년을 함께 살아오는 동안, 정은 깊고 은애恩愛는 무거웠습니다. 좋은 인연이라고 할 수 있었습니다. 하나, 근년에는 노쇠와 병이 날로 더욱 깊어 가고 굶주림과 추위는 더욱 절박하게 되었습니다. 곁방 한 칸도, 한 그릇의 장도 빌릴 데가 없습니다. 아이들은 추위와 굶주림으로 지쳐 울고 있으나 아무런 계책이 없습니다. 그러니 어느 겨를에 부부가 사랑하고 즐겨 할 마음이 있겠습니까. 고운 얼굴에 어여쁜 웃음도 풀 위의 이슬이었으며, 지란芝蘭 같은 향기로운 약속도 바람에 나부끼는 버들개지가 되었습니다. 그대는 내가 있어서 누累가 되고, 나는 그대 때문에 근심이 많습니다. 가만히 옛날의 즐겁던 일을 생각하니, 그것이 바로 오늘의 근심과 걱정의 섬돌〔階〕이 된 것입니다. 그대여! 그대여! 어찌 이러한 극단에 이르렀을까요. 여러 새가 함께 굶주리기보다는 어찌 외로운 난鸞새가 거울을 향해 짝을 생각하는 것만 하겠습니까. 추우면 버리고 뜨거우면 붙는 것이 인정상 차마 할 수 없는 일이나, 가고 그치는 것이 사람의 뜻대로 되는 것이 아니고, 이별하고 만나는 것이 다 운수가 있는 것이니, 청컨대 지금부터 헤어집시다."고 하였다. 조신이 그 말을 듣고 매우 기뻐하며, 각기 두 아이씩 나누어 업고 장차 떠나려 하니 여인이 말하기를, "나는 고향으로 갈 테니 그대는 남쪽으로 가십시오." 하였다. 바야흐로 이별하고 길을 떠나려다가 잠을 깨었다. 방 안에 등불은 가물거리고 밤은 이미 깊었다. 아침이 되어 보니 수염과 머리털이 다 백발이 되었다. 멍하니 정신을 잃은 채 도무지 세상에 대한 의욕이 없어졌다. 이미 인생살이의 괴로움이 싫어져서 백 년의 신고를 겪은 사람 같았다. 탐욕한 마음이 얼음처럼 풀렸다……는 것이다.

〈삼국유사〉의 저자 일연一然은 여기에 대하여 이렇게 읊었다.

> 잠깐 동안 쾌적하여 마음이 한가롭더니
> 어느 사이 근심으로 창안蒼顔이 늙었구료.
> 구태여 기장밥 다 익기를 기다려 무엇하랴.
> 바야흐로 괴로운 인생이란 한 꿈인 줄 알았노라.
> 快適須臾意更閑 暗從愁裏老蒼顔
> 不須更待黃粱熟 方悟勞生一夢間

상통 相通

꿈속에서 간혹 곤란한 경우를 만나 신음하거나 매우 고초를 당하면, 깬 뒤에도 오히려 숨결이 헐떡여지고 힘줄과 맥이 거북하다.

 꿈이란 것은 환상幻像일 뿐인데 그 형적을 실지로 받는 것은 무슨 까닭인가. 장면은 마음이 만든 것이고, 업業은 스스로 부른 것이다. 본래부터 이런 꿈이 없는데도 허망하게 그 고통을 받는다.

 그런 까닭에 신 매실(酢梅)의 이야기를 들으면 입 안에 침이 생기고, 깎아지른 듯한 벼랑을 밟았다고 생각하면 족심足心이 시큰하고 옴츠러진다. 이야기 듣는 것은 거짓인데 능히 실상實相을 낳고, 벼랑 밟는 것을 생각하는 것은 허망한 것인데 능히 본체本體를 동요하게 된다. 이것은 유와 무가 서로 따르고 허와 실이 서로 통한다는 징험이다. 꿈과 깸이 하나이고, 사와 생이 하나이며, 유와 무가 하나인 것이다. 그런 것을 세상 사람들은 오히려, 죽은 뒤에는 아는 것도 없고 받는 것도 없다고 한다. 이것은 유무有無의 이치를 모르는 것이다.

夢中或値困境 呻吟痛楚 醒來氣息猶喘 筋脉猶澁 其夢是幻 其形實受何也 境惟心造 業惟自招 本無是事 妄見其夢 本無是夢 妄受其苦 故聞說酢梅 口中生涎 思蹋懸崖 足心酸澁 聞說是虛 而能生實相 思蹋是妄 而能搖本體 是有無相卽 虛實相通之驗 夢覺一也 死生一也 有無一也 世人猶以爲死後無知無受 是不知有無之理

痛楚(통초) : 매우 고통을 당함.

氣息猶喘(기식유천) : 숨결이 오히려 헐떡임.

筋脉猶澁(근맥유삽) : 힘줄과 맥이 오히려 거북함.

業惟自招(업유자초) : 業(업)은 여기에서는 일이란 뜻으로 해석 된다. 즉 일은 스스로 부른 것임.

酢梅(초매) : 신 매실.

足心(족심) : 발바닥의 중심 부분.

有無(유무) : 有(유)와 無(무). 있는 것과 없는 것.

세상 사람들은, 죽은 뒤에는 아는 것도 없고 받는 것도 없다고 하지만, 그것은 모르는 말이란다.

꿈꾸는 것과 깬 것은 둘인 것 같으나 실은 하나이며, 있고 없는 것은 다른 것 같지만 실은 하나라는 것이다. 다만 우리의 감각이 각각 다르게 느낄 뿐이다.

그래서 생과 사 사이는 전연 관련성이 없는 단절斷絶인 것으로 생각한다. 그러나 그것은 서로 연결이 있고 하나인 본질을 갖고 있다는 것이다.

노자는, "유有와 무無가 서로 낳는다(有無相生)."라고 하였고, 불가佛家에서는 삼생三生이니 윤회輪廻니 하는 설이 있다. 삼생三生은 전생前生·차생此生·내생來生이란 말이고, 윤회는 사람이 몇 번이고 죽고 살고 한다는 말이다. 더욱이 인과응보설因果應報說은 생사生死 사이의 밀접한 연관성을 전제로 하고 성립한다.

여기에서 월창 거사는, 꿈속에서 고초를 겪으면 깬 뒤에도 숨이 가쁘고, 신 매실의 이야기를 들으면 먹지 않아도 침이 흐른다는 것을 인증引證하여, 유와 무는 서로 낳는 것이며, 허와 실은 서로 통하는 것이니, 그러므로 몽각생사夢覺生死는 하나이고 둘이 아님을 증언하고 있다.

여기 옛 시 한 수를 적어 보기로 한다.

날 때에도 분명히 생生을 따라온 것이 아니고
죽을 때도 당당하게 사死를 따라가지 않네.
나고 죽고 가고 옴에 관계없이
정체正體는 의젓이 눈앞에 있네.

生時的的不隨生 死去堂堂不隨死

生死去來無干涉 正體堂堂在目前

혼백 魂魄

 세상 사람들이 말하기를, "사람이 죽으면 혼魂은 올라가고 백魄은 내려간다. 형체는 녹아 버리고 정신은 소멸한다. 다시 무엇이 있어서 그 죄와 복을 받으며 괴로움과 즐거움을 알겠느냐."고 한다.

 그들은 도무지, 꿈속의 사람도 역시 아는 것이 있고 받는 것이 있다는 것을 알지 못하고 있다.

 저 꿈속의 사람이, 몸은 침상寢床을 떠나지 않았는데 동으로 가고 서로 가곤 하는 자는 누구이며, 몸은 본래부터 이상이 없는데 괴로움을 받고 아픔을 받는 자는 누구인가. 또 소위 올라간다는 혼魂과 내려간다는 백魄이 아는 것이 있는가, 아는 것이 없는가. 아는 것이 없다면 올라가는 것은 누구이며, 내려가는 자는 누구인가. 아는 것이 있다면 한 사람이 두 가지로 아는 것은 마땅히 없을 것이다. 하나는 올라가고 하나는 내려간다면 그 안다는 것은 어느 것에 붙는가.

이미 혼백의 올라가고 내려간다는 뜻을 알지 못하니, 또 어찌 형체와 정신의 있고 없는 이치를 알 수 있겠는가.

世謂人死 魂升魄降 形銷神滅 復有何物 受其罪福 知其苦樂 殊不知夢中人亦有知有受 夫身不離床之東之西者誰 身固自若 受苦受痛者誰 且所謂升降者 有知歟 無知歟 無知則升者誰 降者誰 有知則一人應無二知 一升一降 知屬何處 旣不識魂魄升降之義 又惡知形神有無之理

魂魄(혼백) : 사람의 몸과 함께 있으며 정신을 주재하는 것은 혼魂, 형체를 주재하는 것을 백魄이라고 한다(附形之靈爲魄 附氣之神爲魂).

殊不知(수부지) : 도무지 알지 못한다. 전연 모른다.

自若(자약) : 종전과 같음. 종전 그대로 있음.

一人應無二知(일인응무이지) : 한 사람의 혼백이 혼魂은 혼대로, 백魄은 백대로 한꺼번에 두 갈래로 따로따로 무엇을 알 수는 없다는 말.

惡知(오지) : 어떻게 알겠는가.

세상에서 흔히 말하는 '혼승 백강설魂升魄降說'을 부인한 것이다.

혼승 백강설은 사람이 죽으면 혼은 위로 올라가고 백은 아래로 내려가며, 형체는 없어지고 정신도 소멸하는 것인데, 저승에서 죄를 받느니 복을 받느니, 고통을 당하느니 즐거움을 누리느니 하는 말은 다 허망한 것이라고 한다. 즉 사람은 죽으면 그것으로 모든 것이 아주 끝나는 것이다. 내세來世를 운위하는 것은 거짓말이라고 주장하는 설이다.

월창 거사는 이러한 설은 근거가 없다고 반박한 것이다.

승추 升墜

의서醫書에 말하기를, 양陽이 왕성하면 꿈에 날아 보이고, 음陰이 왕성하면 꿈에 떨어져 보인다고 하였다. 대체로 선善은 양陽에 속한다. 양이 많으면 혼의 기운이 가볍고 맑아서 백魄을 끌고 올라간다. 악惡은 음陰에 속한다. 음이 많으면 백魄의 기운이 무겁고 탁하여 혼을 끌고 내려간다.

밝은 데로 올라가선 신神이 되고 어두운 데로 내려가선 귀鬼가 된다. 버릇을 쌓음이 이미 오래되면 변화하여 신神을 이루고 귀鬼를 이루게 된다. 올라가고 떨어지는 인과관계因果關係는 다 내가 스스로 만드는 것이다.

나의 마음에 선과 악 어느 것이 더 많은가를 점검하여 나의 꿈의 맑고 탁함이 어떠한가 증험證驗하라. 삼계三界의 고락苦樂이 다 나 자신의 마음에 갖추어 있다. 어찌 반드시 죽은 뒤라야 알겠는가.

연緣과 기氣가 서로 당기는 것은 자석磁石이 쇠붙이를 빨아들이는 것과 같다. 이미 그 뿌리를 배양培養하면 저절로 그 가지가 발달하게 된다. 인因과 과果가 서로 감응感應하는 이치가 어찌 헛말이겠는가.

醫書云 陽盛夢飛 陰盛夢墜 蓋善屬陽 陽多則魂氣輕淸 故攝魄而升 惡屬陰 陰多則魄氣重濁 故攝魂而降 升明爲神 降幽爲鬼 積習旣久 變化成物 升墜因果 皆我自造 點檢吾心 善惡孰勝 證驗吾夢淸濁何似 三界苦樂 備乎自心 何須死而後知 緣氣相引 如磁吸鐵 旣培其根 自達其枝 因果相感之理 豈虛哉

升墜(승추) : 올라가고 떨어짐. 여기에서는 꿈에 날아오르고 아래로 떨어지곤 하는 것을 가리킨 말.

醫書(의서) : 의학 서적.

陰陽(음양) : 음기陰氣와 양기陽氣. 천지간天地間에 있어서 만물을 생성生成하는 두 기운. 해는 양, 달은 음. 하늘은 양, 땅은 음. 남男은 양, 여女는 음. 선善은 양, 악惡은 음……이렇게 모든 상대적인 것을 그 성질에 따라 양과 음으로 구별한다.

積習(적습) : 습관이 오래됨. 오랫동안 버릇을 쌓음.

變化成物(변화성물) : 여기에서는 오랜 버릇이 쌓여서 하늘을 나는 신神으로도, 아래로 내려가는 귀鬼로도 된다는 말.

因果(인과) : 원인과 결과. 원인이 있으면 결과가 있게 마련이다. 따라서 모든 결과는 다 원인이 있다. 이것을 불가에서는 인과응보因果應報라고 한다.

點檢(점검) : 하나하나 검토하여 봄.

證驗(증험) : 증거를 살펴봄.

三界(삼계) : 불가佛家의 용어. 일체중생一切衆生의 생사윤회生死輪廻하는 세 가지의 세계, 즉 욕계欲界·색계色界·무색계無色界. 또 삼생三生의 뜻으로도 쓴다. 즉 전생前生·차생此生·내생來生.

緣氣(연기) : 緣起(연기)와 같은 뜻으로서, 연기緣起는 인연생기因緣生起의 뜻이니 인연이 되어서 결과를 일으킴.

因果相感(인과상감) : 원인과 결과가 서로 감응感應함.

 천지만물을 생성生成하게 하는 상대적인 두 기운을 음양陰陽이라고 한다. 천지만물의 속성屬性을 그 성질에 따라 양과 음으로 구분한다. 가령 해는 양, 달은 음. 낮은 양, 밤은 음. 밝은 것은 양, 어두운 것은 음. 선善은 양, 악惡은 음…… 이렇게 구분한다.

꿈에 위로 날아 올라가는 것은 양기陽氣가 많은 까닭이고, 아래로 내려가 보이는 것은 음기가 많기 때문이라고 한다. 양기는 선을 의미하고, 음기는 악을 의미한다. 선한 기운을 많이 지닌 사람은 기운이 맑고 가볍기 때문에 위로 올라가고, 악한 기운을 많이 가진 사람은 기운이 탁하고 무겁기 때문에 아래로 내려간다는 것이다. 그러니 자신의 마음에 선과 악, 어느 것이 성한가를 알려면 자신의 꿈을 살펴보면 안다는 것이다.

늘 아래로 내려가는 사람은 죽은 뒤에 귀鬼가 되고, 올라가는 사람은 신神이 된다는 것이다. 그러니 죽은 뒤에 신이 되고 귀가 되는 것은, 다 자신의 마음이 선하냐 악하냐에 달린 것이란다. 구태여 죽은 뒤를 기다릴 것 없이 알 수 있다는 것이다. 선에는 선의 응보가 오고 악에는 악의 응보가 오는 것이, 마치 뿌리를 잘 배양하면 가지가 잘 발달하는 것과 같은 것이라고 한다. 원인과 결과가 서로 연결된다는 이치를 믿지 않을 수 없는 것이다. 월창 거사도, "인과응보의 이치가 어찌 헛말이겠는가." 하고 확신을 표명하고 있다.

옛 시에도 이런 것이 있다.

> 선과 악엔 마침내 갚음이 있는 것
> 빨리 오고 더디 오는 차이는 있을망정.
>
> 善惡到頭終有報 只爭來早與來遲

연감 緣感

마음으로 사랑하는 자는 꿈에서도 사랑한다. 마음으로 미워하는 자는 꿈에서도 미워한다. 이 마음이 있으면 이 일이 있다. 이제 이미 꿈을 이루게 되었으니 뒤에 어찌 연기緣起 없을 수 있겠는가. 시기時機와 인연이 서로 적중하고 시절이 알맞게 합치하는 것이 마치 자연인 것 같다.

비유하면, 땅에 뿌려 놓은 씨앗이 봄을 만나 싹이 나고 꽃이 피고 열매를 맺는 것과 같다. 이것은 다 정감情感이 불러오는 것이다. 이 원인이 있으면 이 결과가 있다는 것에 대해서 다시 무엇을 의심하랴.

心愛者夢亦愛 心惡者夢亦惡 有是心則有是事 今旣能成夢 後安得無緣 機緣相射 時節湊合 有若自然者 譬如下種於地 逢春乃萌 開花結子 是皆情感所召 有是因則有是果復何足疑

緣感(연감) : 인연과 정감情感.

機緣(기연) : 시기時期와 인연.

相射(상사) : 서로 적중的中함.

湊合(주합) : 모여들어 합치함. 알맞게 합치함.

情感(정감) : 사물事物에 대한 느낌. 정조情調와 감흥感興.

마음에 사랑하는 자는 꿈에도 사랑하고, 마음에 미워하는 자는 꿈에도 미워한다. 그것은 그러한 마음이 있기 때문에 그러한 꿈을 꾸는 것이다. 그러니 마음과 꿈이 서로 인과관계를 맺는 것이다. 또 이미 꿈을 꾸게 되었으니 그것이 다시 뒷날의 인연이 된다는 것이다.

결국 모든 것은 인연이 있으면 반드시 결과가 있다는 것이다. 특히 불가에서는 인과관계로 모든 것을 설명한다. 일체만상一切萬象이 생성괴멸生成壞滅하는 미오迷悟의 세계의 모양들은 하나도 인과관계에 인유因由하지 않는 것이 없다고 한다.

옛 시에도 이런 말이 있다.

인연이 있으면 머무르고 없으면 가느니,

흰 구름 오고 가는 것 바람에 맡기듯이.

有緣卽住無緣去 一任淸風送白雲

구원仇怨

꿈속에서 남과 원수를 맺어 분노와 원한을 이기지 못하다가, 잠이 깨어서 돌이켜 생각하면 그것은 환각幻覺이고 마음은 허망할 뿐이다. 원수도 없고 원망할 자도 없다. 실로 나를 원수로 하는 자 없는데 내가 원망한 것은 스스로 망작妄作일 뿐이다. 내가 진실로 망작하지 않으면 실로 원수는 없는 것이다.

세상에는 간혹 원한을 깊이 맺어 독기가 엉기고 맺혀서, 죽어서도 오히려 흩어지지 않고 악귀惡鬼가 되고 도깨비가 되는 일이 있다. 이것은 다 자신의 마음이 불러온 죄업罪業의 힘이 그렇게 만드는 것이다. 진실로 마음을 평화하게 가지고 스스로 반성한다면 모든 것이 다 꿈이고 환상이라는 것을 알게 될 것이다. 백세百世에 걸쳐 맺어진 인연도 한 생각으로 소멸된다. 어찌 생각하지 않을 수 있겠는가.

夢中與人作仇 不勝忿怨 覺來回想 事幻心妄 仇者是誰 恨者何人 實無仇我者 而我恨自妄 我苟不妄 實無仇人 世或有結怨深恨 毒氣凝結 死猶未散 而爲鬼爲魅 是皆自心所召 業力攸成 苟能平心自反 知皆夢幻 百世結緣 一念消滅 可不思諸

仇怨(구원) : 원수와 원한怨恨.

業力(업력) : 업業의 힘. 업業은 불가佛家의 용어로서 몸·입·뜻으로 짓는 말과 동작과 생각하는 것과 그 세력을 말한다. 업業은 짓는다는 의미로서, 정신으로 생각하는 작용, 곧 의념意念이며 이것이 뜻을 결정하고 선악을 짓게 하며 업業이 생긴다. 업은 사업思業과 사이업思已業으로 나눈다. 사업思業은 뜻으로 활동하는 정신 내부의 의업意業이고, 사이업思已業은 한번 뜻을 결정한 후에 외부에 표현되는 신업身業·구업口業이다. 이것을 신身·구口·의意의 삼업三業이라고 한다.

平心自反(평심자반) : 마음을 평온하게 하여 자신을 반성함.

사람은 간혹 꿈속에서 남과 원수를 지어 분노하고 원망함을 이기지 못하는 일이 있다. 그러나 깨고 나면 아무것도 아니다. 자신의 마음이 만들었던 환희幻戲에 불과한 것이다. 이러한 일은 꿈에만 있는 것이 아니다. 인생人生에도 있다. 원래 인생이란 한낱 꿈인 것이다. 꿈꾸고 깨고 하는 것은 작은 꿈이고, 살고 죽고 하는 것은 큰 꿈이라고 하였다. 인생에서 남과 원수를 맺어 성내고 분격해 하고 원한을 맺는 일이 있지만 그것도 인생이란 꿈속의 일이니 환상에 불과한 것이다.

불처럼 타오르는 분노와 마디처럼 맺히는 원한을 평화하고 고요한 마음으로 스스로 반성해 본다면, 모든 것은 다 자신의 마음에서 일으키는 불일 뿐이다. 큰 안목과 넓은 도량과 진실로 평정한 호의에 찬 마음으로 반성할 수만 있다면, 단 한 번의 웃음에 붙일 수 있는 꿈속의 환상이며 마음의 망작임을 깨달을 수 있다는 것이다.

평심平心! 평화롭고 고요한 마음, 이것은 인생에 있어서 매우 소중한 것이 아닐까. 진정한 자기의 반성도 평심이 아니고는 될 수 없고, 남을 용서하는 마음, 그것도 평심에서만 가능한 것이다. 유가儒家에서의 정심正心이나 불가에서의 깨달음에 이르는 길은 다 먼저 평심에서부터 출발되는 것이 아닐까. 평화하고 고요한 마음의 눈으로 바라본다면 원수도, 성냄도, 기쁨도, 영광도 다 인간 만사가 청산淸山을 덮은 구름과 안개와 같은 것임을 알 수 있을 것이다.

여기 옛 시 한 수를 읽어 보기로 하자.

    산과 구름이 모두 희어서

    산과 구름 분별할 수 없더니

    구름이 돌아가고 산이 홀로 서니

    일만 이천 봉우릴러라.

    山與雲俱白 雲山不辨容

    雲歸山獨立 一萬二千峰

자시 自是

취중醉中에 사람이 스스로 옳다고 주장하다가 깬 뒤에야 비로소 그것은 취한 것이고 본성本性이 아님을 알게 된다. 꿈속에서 사람이 스스로 옳다고 우기다가 깬 뒤에야 비로소 그것은 꿈이고 본성이 아님을 알게 된다.

세상 사람들이 스스로 옳다고 고집하면서, 자기가 기혈氣血에 취하고 정식情識에 꿈꾸고 있다는 것을 알지 못한다. 소위 지해知解 · 시비是非 · 사랑 · 미움 · 원망과 연모戀慕라는 것은 다 취중의 심정이며 꿈속의 생각에 지나지 않는다. 맑고 깨끗한 심성(淸淨性) 속에야 어찌 이런 일이 있겠는가.

醉中人 自以爲是 醒而後 始知其醉悲非本性 夢中人 自以爲是 覺而後 始知其夢非本性 夫世人自以爲是 不悟其醉於氣血 夢於情識 所謂知解 是非 愛惡 怨戀 皆不出於醉情夢想 淸淨

性中 豈有是事

自是(자시) : 스스로 옳다고 함.
醉於氣血(취어기혈) : 氣血(기혈)은 기운과 혈액이니, 즉 기운이 왕성하고 혈액 순환이 잘되는 것. 기혈에 취한다는 것은 자신의 왕성한 기운에 도취陶醉한다는 말.
夢於情識(몽어정식) : 자신의 감정과 식견識見 속에 사로잡혀, 마치 꿈꾸는 사람이 바른 판단을 하지 못하는 것과 같은 상태에 있다는 말.
知解(지해) : 알다. 해득解得하다.
淸淨性(청정성) : 맑고 깨끗한 본성. 사념邪念·사심私心이 없는 깨끗한 본성.

세상 사람들이 자기가 옳다고 생각하고 주장하곤 하는 것은, 다 자기의 우쭐하는 혈기지용血氣之勇에 도취하였거나, 자신의 감정과 하찮은 식견에 사로잡혀 마치 꿈속을 헤매는 사람과 같은 상태에 불과한 것이다. 그것은 취중에 있는 사람이나 꿈꾸는 사람이 본성本性을 깨닫지 못함과 같은 것이다. 진정 맑고 깨끗한 해탈解脫한 본성本性에는 옳으니 그르니, 사랑하느니 미워하

느니, 원망하느니 연모하느니 하는 등의 일은 존재하지 않는다는 것이다.

여기 옛 시 한 수를 옮겨 본다.

    대그림자 섬돌을 쓸건만 티끌은 일지 않고,
    달빛이 못 속을 뚫었건만 물에는 흔적이 없네.
    竹影掃階塵不動 月色穿潭水無痕

불이 不二

어려운 일에 직면하였을 때에 구차하게 모면하려고 애써서 부끄러움을 돌아보지 않는 것은, 어찌 오직 사는 것만이 소중하다고 생각하기 때문이라고 말하지 않겠는가.

꿈에 죽었다가 깨어 보면 죽음이 없다. 본래 삶도 없고 또한 죽음도 없는 것인데, 세상 사람들이 허망虛妄하게 헤아려 말하기를, 이것은 삶이고 저것은 죽음이라고 한다.

옛사람이, 죽고 사는 것을 가고 오는 것과 같이 보고, 두 가지가 아닌 것으로 순순히 받아들인 것은 범상凡常한 세상 사람들의 심정에서 초연超然히 뛰어났다고 하겠다.

臨難苟免 不顧羞恥者 豈不謂惟生可貴歟 夫夢死 而覺則無死 本無生亦無死 世人妄計曰 此是生彼是死 古人之視生死如來往 順受不二者 其超出凡情乎

不二(불이) : 두 가지가 아님. 여기에서는 죽음과 삶은 두 가지가 아니라고 말한 것.
妄計(망계) : 잘못 헤아림. 함부로 추측함.
視生死如來往(시생사여래왕) : 나고 죽는 것을 마치 오고 가는 것과 같이 봄.
順受不二(순수불이) : 삶과 죽음을 두 가지가 아닌 것으로 순순히 받아들임.
凡情(범정) : 평범平凡한 사람들의 심정.

세상 사람들이 어려운 경우를 당하면 부끄러움을 무릅쓰고 구차하게나마 죽음을 모면하려고 애쓴다. 그들의 심정은, "오직 사는 것만이 소중한 것이니 무슨 방법으로든지 살고 볼 일이다."라고 생각하는 것이 아니겠는가. 그러나 그들이 그렇게 소중히 여기는 삶이나 그렇게 두려워하는 죽음이나 실은 하나인 것이다. 본래는 생生도 사死도 없는 것이다. 생과 사는 그 사이가 단절斷絶이 아니고 연속이다. 마치 사람이 오고 가곤 하는 것과 같은 것이란다.

사람이 꿈에 죽는 일이 있다. 그러나 잠이 깨면 그 죽음은 환상幻像이었을 뿐, 죽음은 없었다는 것을 알게 된다. 우리의 인생도 긴 꿈인지 모른다. 우리가 인생이라는 꿈을 깬다면 사람들이 그렇게 두려워하는 죽음이 실은 죽음이 아닌 것일지 모른다. 옛사람은 죽고 사는 것을 왔다 가는 것처럼, 죽음과 삶을 하나의 연속된 존재로 받아들인 이가 많다. 아마 그들의 견해는 많은 범상한 사람들의 심정心情보다 훨씬 높이 뛰어난 것이다. 앞에서 말한, "산다는 것은 잠깐 기류하는 것이고, 죽는 것은 본집으로 돌아가는 것이다(生寄也死歸也)."라고 한 것과 같은 뜻이다.

여기에 옛 시 한 수를 옮겨 본다.

> 초당草堂에 봄잠이 늘어졌는데
> 창밖엔 해〔日〕가 더디고 더디구나.
> 큰 꿈을 누가 먼저 깰 것인가.
> 평생平生을 내 스스로 알고 있다네.
> 草堂春睡足 窓外日遲遲
> 大夢誰先覺 平生我自知

굴신 屈伸

양陽이 극도에 이르면 음陰이 생기고, 음이 극도에 이르면 양이 다시 돌아온다.

한 번 굽히면 한 번 펴고, 한 번 전진하면 한 번 후퇴하는 것은 법칙의 떳떳함이다.

복이 지나치면 화禍가 장차 오게 되고, 뉘우침이 깊으면 길조吉兆가 장차 싹트게 된다. 남을 원수로 삼은 자는 꿈에 그의 욕보임을 당하게 되고, 남을 속인 자는 꿈에 그 사람의 성냄을 받게 된다.

그것은 무슨 까닭인가. 외형外形은 속일 수 있으나 마음은 속일 수 없고, 처음은 숨길 수 있으나 마침내는 숨길 수 없기 때문이다. 스스로 저지른 일은 스스로 그 갚음을 받게 마련이다. 혹이나마 요행으로 모면할 수는 없다.

陽極陰生 陰極陽復 一屈一伸 一進一退 理之常也 福之過也 禍將至矣 悔之深也 吉將萌矣 仇人者 夢被其辱 欺人者夢受其怒 何以故 形可欺而心不可欺 始可逭而終不可還 自作自受 無或倖免

陽極陰生 陰極陽復(양극음생 음극양복) : 더운 기운을 양陽이라고 하고, 차가운 기운을 음陰이라고 한다. 여름의 더위가 한창 극성하게 되면 어느 사이엔가 한 줄기의 찬 기운이 생기고 겨울에 추위가 한창 극성하게 되면 어느 사이엔가 한 줄기의 따뜻한 기운이 생겨나곤 하는 것을 말한 것.

理(이) : 이치. 여기에서는 천지자연의 운행 법칙을 가리킨 것.

悔之深也(회지심야) : 자기의 잘못을 깊이 뉘우침.

吉(길) : 길吉한 일.

逭(환) : 자기가 저지른 잘못을 숨김. 또는 자기의 잘못에 대한 갚음을 모면함. 도피逃避함.

倖免(행면) : 요행으로 면함.

여름철에 온통 대지를 뒤덮던 녹음방초도 가을이 오면 조락한다. 죽은 듯이 앙상하던 겨울 동산의 나목裸木들도 봄이 오면 다시 잎이 돋고 꽃이 핀다. 밤이 가면 낮이 오고, 낮이 가면 또 밤이 온다. 천지 사이의 온갖 현상은 영고성쇠榮枯盛衰가 있다. 인간의 온갖 길흉화복과 부귀빈천도 여기에서 예외일 수는 없다.

혹이나 자신의 부귀를 믿고 교만하거나 자신의 권세를 믿고 남을 모멸하거나, 비겁하고 간악한 술책으로 남을 해치지 말라. 자기가 저지른 죄과의 갚음은 반드시 자신이 받고야 마는 것이니, 요행으로 모면할 것을 생각하지 말라는 것이다. 또 속으로 죄과를 짓고는 겉으로는 아닌 체 속이려는 자가 있다. 그러나 남에게 원수를 지은 자는 꿈에 그 사람에게서 모욕을 당하고, 남을 속인 자는 꿈에 그 사람의 성냄을 받는다. 그것은, 겉은 속일 수 있으나 마음은 속일 수 없기 때문이다. 인과응보는 반드시 있게 마련이니, 마침내는 모면할 수 없다는 것이다. 여기 시 한 수를 읊어 보기로 하자.

    푸른 괴화나무 사이로 호화 저택 시가를 굽어보네
    높다란 솟을대문 자손 위해 열었으리
    지금은 주인이 바뀌었는가, 문 앞엔 찾아드는 거마도 없고
    이따금 길 가던 나그네 비를 피하고 간다네.
    甲第當街蔭綠槐 高門應爲子孫開
    年來易主無車馬 唯有行人避雨來

초연 超然

세상에는 간혹 물외物外에 초연超然하여 우뚝이 홀로 근심 없이 살아가는 이가 있다. 그런 이를 보고 사람들은 억지로 그렇게 한다고 말한다. 억지로 하기가 어려운 것은, 억지라는 것은 인정人情에 가깝지 않기 때문이다.

꿈속에서도 또한 사물事物이 근심과 기쁨을 끌어 얽어매는 것이 있다. 그러나 깨어 보면 아무것도 없다. 진실한 사람은 자연히 몸과 마음에 일이 없는 것이다. 이 어찌 강정强情으로 그렇게 하는 것이겠는가. 본래 일이 없는 것인데 다시 무엇을 억지로 근심한단 말인가.

世或有超然物外 獨行無憂者 人以謂强 所難强不近人情 夫夢中亦有 事物憂喜牽纏 覺則無一物 眞實者自然心身無事 是豈强情而然哉 本來無事 復何强憂

超然(초연) : 세속적인 사물에 구애하지 않는 모습. 높이 뛰어난 모양.

物外(물외) : 속세俗世의 밖. 세상의 속된 일에서 초탈超脫한 세계.

獨行無憂(독행무우) : 獨行(독행)은 높은 절조節操를 가져 세속에 좌우되지 않는 것이고, 無憂(무우)는 근심이 없는 것. 즉 초연한 태도로 세속적인 일에 근심하지 않는 것.

人以謂强(인이위강) : 强(강)은 억지로 한다는 뜻이니, 사람들이 억지로 하는 것이라고 말함.

牽纏(견전) : 끌어 얽음.

세속적인 사물에 구애됨이 없이 높은 절조節操를 지니고 초연히 근심하는 일 없이 살아가는 사람이 있으면, 세상 사람들은 그가 꾸며서 억지로 그렇게 한다고 말들을 한다. 그러나 꿈속에서도 어떤 사물에 얽혀 근심하곤 하는 일이 있으나 깨고 나면 하나도 없는 것처럼, 인생의 모든 일은 한낱 꿈이라는 것을 그는 알고 있다. 때문에 그렇게 초연할 수 있는 것이다.

모든 것을 자연스럽게 받아들이고 자연스럽게 보내는 사람에게는 몸과 마음에 근심이 없는 것이다. 이미 일이 없는데 어찌 억지로 무엇을 근심한단 말인가. 그것은 자연스러울 뿐, 억지는 아닌 것이다.

이 말은 월창 거사가 자신의 모습을 말하는 것이 아닐까? 아니면 적어도 그가 동경하고 있는 인물일까? 월창 거사만이 아니다. 전통적인 동양인의 사상 속에는 이러한 '물외에 초연하여 높은 절조로 근심 없이 살아가는(超然物外 獨行無憂)' 인간상을 높이 평가하는 경향이 있다.

옛 시에 이런 것들이 있다.

> 청산도 절로절로 녹수라도 절로절로
> 산절로 수절로 산수간에 나도 절로
> 그 중에 절로 자란 몸이 늙기도 절로절로 하리라.

> 산은 제대로 무심히 푸르고
> 구름도 제대로 무심히 희구나.
> 그 가운데에 스님 한 사람
> 그 또한 무심한 나그네라네.
> 山自無心碧 雲自無心白
> 其中一上人 亦是無心客

망취 妄取

꿈꾸기 전에는 꿈속의 천지天地 있음을 볼 수 없다. 이미 깨고 난 뒤에는 꿈속에 있었던 세계를 다시 볼 수 없다. 이것은 꿈속의 천지와 세계는 다 내 마음의 망작妄作이기 때문이다.

나기 전에는 이 세계가 있다는 것을 보지 못한다. 이미 죽은 뒤에는 이 세상의 사물事物 있음을 볼 수 없다. 이것은 이 세상의 사물은 다 내 자신이 벌여 놓았기 때문이다. 그러므로 내가 있은 뒤라야 세계世界와 사물事物이 있는 것이다.

마음에 진실로 내가 없다면 세계와 사물이 내게 무엇이 있겠는가.

未夢之前 不見有夢天地 旣寤之後 不見有夢境界 是夢中天地境界 皆我妄取 未生之前 不見有此世界 旣死之後 不見有此事物 是世界事物 皆我自局 故有我而後有世界事物 心苟無我

世界事物 何有於我

妄取(망취) : 망작妄作. 함부로 그렇게 가짐.
自局(자국) : 스스로 경계를 정함. 스스로 벌여 놓음.
無我(무아) : 사심私心이 없음. 무심無心.

꿈속에서 경험하는 세계나 모든 장면이 다 실존하는 것이 아니고, 내 마음의 망작일 뿐이다. 그와 마찬가지로 우리가 살고 있는 세계도, 우리가 봉착하는 온갖 사물도 다 '나'라는 것이 있기 때문에 문제가 되는 것이다. 내가 없다면 세계나 모든 사물도 없는 것과 같다. 다시 말하면, 마음에 '나'라는 것이 존재하지 않는다면 세계나 세계의 사물이 나에게 아무런 영향도 미치지 못할 것이다.

달관達觀한 사람의 눈으로 본다면 '나'라는 것은 삼라만상森羅萬象 속의 자연스러운 한낱의 존재일 뿐이다. 거기에는 특정인特定人인 '나'는 존재하지 않는 것이다.

반면, '나'를 중심으로 하여 세상을 보고 사물을 대하는 사람들은 자신을 천지 안에 있는 온갖 자연 속의 하나의 자연으로 보지 않고, 천지간의 온갖 사물을 자기를 위한 도구로 보려고 한다. 말하자면 자아自我 중심으로 천지만물을 보려고 하는 것이다. 부귀도 내가 누려야 하고, 공명도 내가 세워야 하고, 지배도 내가 해야 하고, 존경도 내가 받아야 한다. 그러자니 세속적인 온갖 영고성쇠와 희로애락에 부딪치게 되고, 온갖 망념妄念과 아집我執과 허위와 사악邪惡에 사로잡히곤 한다.

그러나 그러한 '나'라는 집념에서 해탈한다면, 세상의 부귀공명은 나에게 한낱 뜬구름이요, 온갖 희로애락도 내 마음의 평정을 동요시킬 수는 없다는 것이다.

옛 시에 이런 것이 있다.

> 시냇물 좋아 발을 씻고,
> 산이 푸르러 눈이 맑아지네.
> 꿈을 꾸지 않으니 영욕榮辱에 일이 없다.
> 이 밖에 다시 무엇을 구하랴.
> 臨溪濯我足 看山淸我目
> 不夢閑榮辱 此外更無求

문심問心

어떤 이가 말하기를, "일찍이 옛사람은, '인물人物의 생사生死란 곧 한 기운(一氣)이 모이고 흩어지는 것이다. 기운이 모이면 물체物體를 이루고, 기운이 흩어지면 물체는 없어진다. 모여서 물체를 이루면 자연히 그 속에 정신이 생겨 물체와 함께 성장成長하고 지식知識이 성취된다. 물체가 오래되면 형체는 낡아지고 정신은 쇠약하고 혼미해져 물체와 함께 없어진다. 그리하여 마침내 빈 것으로 돌아간다.'고 하였다. 그러나 사람의 나고 죽는 즈음을 살펴보니 적이 이 설說에 의심되는 점이 있다.

사람이 처음 났을 때에는 지해知解가 아직 이루어지지 않았으나 영조靈照가 환하게 밝으며, 사람이 금방 죽게 되었을 때에는 수족은 혼란하여져도 영지靈知는 전과 다름이 없다. 일찍이 기氣가 모이고 흩어짐이 단속斷續되는 일이 없고 정신이 혼미함과 밝음이 증감增減하는 일이 없다.

그러나 난다는 것은 응당 본래 없던 것이 홀연히 있는 것이 아니고, 죽는다는 것은 응당 본래 있던 것이 홀연히 없어지는 것이 아닐 것이다. 저것이 이미 생사生死를 관통하여 한결같다면, 그 처음과 끝을 누가 능히 구명究明할 수 있겠는가? 알 수 없는 일은, 그 속에 과연 이 법칙이 있는 것일까?"라고 하였다.

대답한다. "이 법칙이 세상에 밝혀지지 아니한 지가 이미 오래다. 너는 잠자고, 그리고 깨고 하는 것을 알지 못하는가, 꿈과 깸은 서로 변환變幻하여 천 번 변하고 만 번 바뀌며, 지해知解의 성립과 괴멸과 사상의 끊어지고 이어지는 것이 몇 번이나 옮기고 변전하는가를 알 수 없다. 그러나 '그러한 많은 변환 속에서' 그 변환을 따르지 않는 것이 존재한다. 그러므로 이것(변전하지 않는 것)에 의하여 꿈꾸기도 하고 이것에 의하여 변화하기도 한다. 만약 이것이 없다면 누가, 그것은 꿈이며 그것은 깬 것임을 알 수 있겠으며, 그것은 변한 것이고 그것은 바뀐 것임을 알겠으며, 함께 변화하지 않는 것임을 알 수 있단 말인가. 무지無知의 지혜는 능지能知의 지혜와는 다르다. 네가 능지의 지혜를 가지고 어찌 무지의 지혜를 알 수 있겠는가."

或曰嘗以爲人物生死 卽一氣聚散 氣聚成物 氣散物亡 聚而成物 自然神生於中 與物俱長 知識成就 物久形弊 精衰神昏 與物俱亡 究意歸虛 觀於生死之際 竊有所疑 初生也 知解未成

而靈照朗然 垂死也 手脚慌亂而靈知自如 未嘗爲聚散之所斷續 昏明之所增減 其生不應自無而忽有 其死不應自有而忽無 彼旣貫生死而一如 其始終孰能究焉 不識其中 果有斯理乎 曰 斯理之不明於世久矣 爾不知寤寐乎 夢覺相幻 千變萬化 知解之成壞 思想之斷續 不知其幾許遷轉 而一貫不隨者存 故依此而夢覺 依此而變化若無是 孰能知夢知覺知變知化而不與之俱乎 無知之知 異乎能知之知 爾以能知之知 惡知無知之知

問心(문심) : 마음에 물음. 마음을 돌아봄.
生死卽一氣聚散(생사즉일기취산) : 나고 죽는 것은 곧 한 기운이 모이고 흩어지는 것이다. 즉 기가 모이면 나고, 기가 흩어지면 죽는다는 말. 이 말은 〈장자莊子〉 지북유편知北遊篇에 나오는 말이다.
知解(지해) : 아는 것. 이해하는 능력.
靈照(영조) : 신령하게 비침. 즉 마음이 비치는 것처럼 아는 능력. 마음.
朗然(낭연) : 환하게 밝은 모양.
垂死(수사) : 금방 숙게 됨.
慌亂(황란) : 혼란함.
靈知(영지) : 마음, 신령하게 아는 힘.

果有斯理乎(과유사리호) : 과연 이 이치가 있는가라는 말. 이 이치〔斯理〕라고 한 것은, 기가 모이면 나고 기가 흩어지면 죽는다는 법칙을 가리킨 말.

一貫不隨(일관불수) : 한결같아서 변전하는 것을 따라 변전하지 않음.

無知之知(무지지지) : 알려고 하지 않아도 저절로 아는 지혜. 본연의 영명靈明함.

能知之知(능지지지) : 알려고 애써서 아는 지혜. 인위의 노력에 의하여 얻어지는 지혜.

표제의 문심問心이란 말은 마음에 물어본다는 말이다. 그러니 이 편은 저자 월창 거사가 자기 마음에 대하여 자문자답한 것이다.

자기는 지금까지, 난다는 것은 기氣가 모여서 형체를 구성하는 것이고 형체가 구성되면 거기에 정신이 부여되어 형체와 함께 성장하고 지식이 성취된다고 생각하였다. 또 죽는다는 것은, 형체가 낡아지면 정신이 쇠약하여져서 물체와 정신이 함께 없어지는 것이라고 생각하여 왔다.

그러나 가만히 생각하니 거기에는 의심되는 점이 있다. 사람이 나면 금방 마음의 영명함이 있고, 사람이 죽음에 임박하였을 때에도 정신은 전과 다름이 없다. 그렇다면 물체와 정신이 성장한다는 말, 물체와 정신이 혼미하여 흩어진다는 말은 맞지 않는다. 그렇다고 난다는 것은 없던 것이 홀연히 있어지고, 죽는다는 것은 있던 것이 갑자기 없어지는 것은 또 아닐 것이다. 죽고 사는 것을 꿰뚫어 한결같은 것이 존재한다면 그 처음과 종말을 누가 구명究明할 수 있는가. 과연 생사에는, 기가 모이면 나고 기가 흩어지면 죽는다는 이치가 존재하는 것일까? 이렇게 의문을 갖는다. 그리고 스스로 이렇게 대답한다.

사람의 꿈과 깸은 서로 천 번 만 번 변하며 사람의 안다는 것, 사상이란 것도 몇 번이고 변전한다. 그러나 그것이 꿈이다, 깬 것이다라고 분별하면서 그 변화에 따라 그 자체도 변하지 않는 것이 있다. 그 영원히 변하지도 않고 환상幻像도 아닌 것이 존재하는 것은 틀림이 없다. 그러니 인간의 능지能知의 지혜, 즉 인위적으로 애써서 알려고 하여 아는 지혜를 가지고는, 알려고 하지 않아도 아는 지혜(無知之知), 즉 천지자연의 저절로의 법칙을 알 수는 없다고 말하고 있다. 이것이 월창 거사의 진리에 대한 솔직하고 순수한 고백이며 또한 간절한 염원이기도 할 것이다.

노자老子는 "알면서 아는 체하지 않는 것이 상덕上德이고, 알지 못하면서 안다고 하는 것은 병이다(知不知上 不知知病)."라고 하였다. 월창 거사는 적어도 병든 사람은 아니었던 것 같다. 또

노자는 우주의 항구불변의 법칙을 '도道'라고 하였다. '도'는 길이라는 뜻이다. 그러니 법칙이라는 말이겠다. 또한 항구불변하는 것이니 진리眞理인 것이다. 노자는 이 항구불변의 진리를 '도'라고 부르면서 이렇게 설명하였다.

"혼돈 상태에서 이루어진 것이 있어서 천지보다 먼저 생겼다. 고요히 소리도 없고 형체도 없다. 짝도 없이 홀로 있다. 언제나 변함이 없다. 어디에나 안 가는 곳이 없건만 깨지거나 손상될 위험이 없다. 그것은 천하 만물의 어머니가 될 만하다. 나는 그것의 이름을 알지 못한다. 그래서 자字를 '도道'라고 지어 부른다. 억지로 이름을 붙인다면 큰 것〔大〕이라고 한다. 하늘은 '도'의 법칙에 따르고 '도'는 자연의 법칙을 좇는다."

천지보다도 먼저 있고 하늘도 그의 법칙에 좇는다고 한 '그것'을, 노자도 그 이름을 모르기 때문에 이름은 짓지 못하고 자를 '도道'라고 지었다고 하였다. 여기 월창 거사가 알지 못하여 안타까워하는 영원불변의 존재, 그것이 바로 이 노자의 '도'와 같은 것이 아닐까? 인간의 지혜란 어느 한계 이상을 살피지 못하는 것일까. 그렇다면 월창 거사가 안타까워한 아쉬움도 바로 영원한 인간의 아쉬움인지도 모른다.

신록 속에 감추인 은혜로운 빛깔도
한량없는 그 숨결 아직은 모르는데

철없이 마음 설레어 미소 지어 보는가.

어디메 물레바퀴 멎는 여음餘音처럼
걷잡을 수 없는 슬기 차라리 잔으로 넘쳐
동경憧憬은 원시로웁기 길이 임만 부르느라.

　　　　　　朴在森의 "攝理"에서

귀호 鬼狐

 도깨비나 여우에게 홀린 사람은, 다만 그것의 애교와 고운 얼굴만 보기 때문에, 사랑하고 연모하고 친근하게 하여 그것의 놀림을 받고 있는 것임을 알지 못한다. 정신을 빼앗기고 기운을 소모하여 죽게 되어도 또한 달게 여긴다. 뒤에 어쩌다가 그것이 여우 아니면 도깨비라는 것을 깨닫게 되면, 그 사람은 머리끝이 쭈뼛하고 일어서며 마음은 한기가 들어서 비록 애써 참으려 하나 참을 수가 없다.

 지금 세상 사람들이 여인의 자태와 얼굴 모습에 미혹하여 어리석게 연모戀慕하느라 제 몸이 어떻게 되는가를 잊어버린다. 기운을 손상하고 재물을 소모함이 도깨비나 여우에게 홀린 것보다도 더 심하다. 죽어도 뉘우칠 줄을 모른다. 도깨비나 여우에게 죽는 것과 무슨 차별이 있겠는가. 더군다나 그 여인이 눈썹 그리고 뺨에 분 바르고 연지 칠한 꼴이 귀신이나 도깨비와 다름이 무엇이며, 간교한 말과 상냥하게 꾸민 얼굴빛이 여우가 사람을 홀리는 것과 무엇이 다르겠는가. 또 남의 집 재산을 없애고 남의 골육 사이를 이간해 놓고는, 마음을 변하기가 손바닥 뒤집듯 하여 다른 사람에게 사랑을 나누며, 단장丹粧을 고쳐 가지고는 따로 다른 남자를 껴안는 그 심정과 생태는 도리어 도깨비나 여우보다도 심하다 하겠다.

그렇건만 사람의 마음이 바야흐로 미혹하여 있고, 몸은 꿈속에 빠져 있어서 죽음도 돌아보지 않는다. 다시 무엇을 깊이 생각하겠는가.

대체로 여색女色이 능히 나로 하여금 미혹하게 만드는 것이 아니고 내가 스스로 미혹되는 것이며, 환경이 능히 나로 하여금 얽매이게 만드는 것이 아니고 내가 스스로 얽매인 것이다. 늘 환경이 다르고 정이 치우치는 곳에서는 마음을 평온하고 고요하게 하여 생각하고 헤아려 보라. 그리하여 마음이 항상 자재自在하여 꿈의 지경에 들어가지 않는다면, 저것이 어찌 나를 홀리게 하고 미혹하게 할 수 있겠는가.

爲鬼狐所迷者 只見其嬌艶 故愛戀親暱 不覺爲彼所弄 奪精耗氣 死且甘心 後或省悟非狐則鬼 其人毛竪心寒 雖欲勉留而不可得矣 今夫世人迷惑姿色 痴戀忘身 損氣耗財 甚於鬼狐 死而無悔 與其死於鬼狐 有何差別乎 況畫眉塗臉 無異鬼幻

巧言令色 何殊狐迷 且耗人家財 間人骨肉 翻情割愛 改粧別抱 想其情態 反甚於鬼狐 然心方迷惑 身陷夢城 死且不顧 更何商量 夫色不能使我迷 我自迷 境不能使我縛 我自縛 每於境異情偏處 平心思量 心常自在 不入夢境 彼焉得爲幻爲迷

鬼狐(귀호) : 도깨비와 여우.

嬌艶(교염) : 애교와 고운 얼굴 모습.

親暱(친일) : 친근함.

毛豎心寒(모수심한) : 겁이 나서 머리털이 쭈뼛 일어서고 마음에 한기가 드는 것.

勉留(면류) : 애써 머무름. 여기에서는 애써서 태연하려고 한다는 말.

姿色(자색) : 자태姿態와 얼굴빛, 즉 고운 여색女色.

畫眉塗臉(화미도검) : 눈썹을 그리고 뺨에 분과 연지를 바름.

巧言令色(교언영색) : 교묘한 말과 상냥하게 꾸민 얼굴빛.

間人骨肉(간인골육) : 骨肉(골육)은 부자·형제·자매 등의 지친이란 말이고, 間(간)은 이간한다는 뜻이니, 남의 부자·형제의 사이를 이간離間 붙이는 일.

翻情割愛(번정할애) : 翻情(번정)은 정을 손바닥 뒤집듯 바꾼다는 말이고, 割愛(할애)는 사랑을 나누어 준다는 말.

改粧別抱(개장별포) : 단장을 고치고는 다른 남자를 껴안는다는 말.

商量(상량) : 깊이 생각함. 자세히 헤아려 봄.

境異情偏(경이정편) : 경우가 평상시와 다른 것과 정情이 치우치게 어느 곳에 끌리는 것.

自在(자재) : 전과 다름이 없음.

  이 장은 여색女色에 미혹되는 일이 없게 하라고 경계한 것이다. 여색에 홀리는 것은 도깨비나 여우에게 홀린 것보다도 더 위험하다고 타이르고, 이러한 위험에 빠지지 않으려면 항상 어느 경우가, 평상시와 다르거나 어느 곳에 정이 치우치게 기울어지는 때에는 한 발 물러나서 우선, 마음을 평온하고 안정된 상태로 가진 뒤에 깊이 생각하고 헤아려서 빈틈이 생기지 않게 하라고 하였다. 사람은 누구나 자기에게 어떤 변화가 왔을 때에 그것이 좋은 일이건 궂은 일이건 간에 우선 한 걸음 물러서서 차분히 생각해 보는 마음의 여유를 갖는 것이 바람직하다.

  옛날부터 아름다운 여색 때문에 몸을 망치고 집을 망치고 나라를 멸망하게 한 사례는 너무나 많다. 그러므로 어느 훈계, 어느 설교, 어느 책에도 여색을 경계하라는 말이 없는 것이 없건마는 사람들은 대부분 실패를 되풀이하고 있다. 그래서 공자도,

"어진 이를 어질게 여기기를 여색을 좋아하듯 하라(賢賢易色)." 고 하였다. 여기 여색 때문에 멸망을 가져온 가장 유명한 이야기를 한두 가지 적어 보기로 하자.

중국의 역사상 가장 대표적인 포악무도한 임금으로는 걸桀과 주紂를 말한다. 그 걸과 주 둘 다 여색에 정신을 빼앗겨 나라를 멸망시켰다. 걸왕桀王은 매희妹喜라는 미인에게, 주왕紂王은 달기妲己라는 미인에게 매혹하여 이성理性을 잃었던 것이다.

하夏나라의 임금이었던 걸桀은 매희妹喜의 환심을 사기 위하여 보석과 상아象牙로 호화 웅장한 궁전을 짓고 옥으로 침대를 만들었으며, 나라 안의 미소녀 3천 명을 모아다가 오색찬란한 비단옷을 입혀, 춤추고 노래 부르게 하여 여인의 눈과 마음을 기쁘게 하였다. 또 큰 못을 파고 향기 좋은 술을 그 못에 가득 채우고, 거기에 배를 띄워 뱃놀이를 하였다. 한 번 북을 둥둥 치면 많은 배에 탔던 미녀美女들이 뱃머리에 엎드려 못의 술을 소가 물 마시듯 마시니 그 사람의 수가 3천 명이었다고 한다. 못의 주위에는 고기〔肉〕를 숲처럼 쌓아 두었다. 이것을 사가史家들은, '주지육림酒池肉林'이라고 표현하고 있다. 이러한 사치와 낭비와 광란狂亂과 가렴주구苛斂誅求가 드디어 하나라를 멸망하게 하고야 말았다. 은殷나라 탕왕湯王이 중국 역사상 최초의 혁명을 일으켜 걸왕을 죽이고 나라를 빼앗았기 때문이다.

주왕紂王은 은나라의 임금이었다. 그는 달기妲己라는 미희美姬의 마음을 사기 위하여, 백성들에게서 가혹하게 세금과 공물을 거둬들여 웅장한 궁전과 원지園池를 만들었다. 큰 못에 술을 채우니 술찌끼가 10리에 뻗쳐 산을 이루었다. 그 술의 못에 배를 띄우고 달기와 함께 뱃놀이를 즐겼으며, 못가에는 고기의 숲을 만들고 북리北里의 춤이니, 미미악靡靡樂이니 하는 음란한 음악을 만들어 연주하게 하여 전라全裸의 수많은 남녀로 하여금 그 음악에 맞추어 그야말로 일대의 스트립쇼를 벌이게 하였다. 이러한 광란의 놀이를 120일 동안 밤낮으로 계속하였다. 이것을 '장야음長夜飮'이라고 한다. 그리고 '포락형炮烙刑'이라는 잔인한 형벌을 창안하였다. 숯불을 이글이글 피워 놓고 구리쇠의 기둥을 걸치고 기름을 칠한 뒤에 죄인을 그 위로 건너가게 한다. 당연히 떨어지게 마련이다. 주왕은 사람이 불에 떨어져 산 채로 타 죽는 것을 보고 달기와 함께 손뼉을 치며 기뻐하였다고 한다. 그러고도 나라가 망하지 않을 수 있겠는가. 그는 주周나라 무왕武王에게 토멸討滅되었다.

주유왕周幽王의 이야기 하나만 더 적어 보기로 한다.

유왕幽王은 주周나라의 제12대 왕이다. 포사褒姒라는 여자에게 미혹하여 정사를 돌보지 않고 유연遊宴에만 빠져 있었다. 포사는 잘 웃지 않았다. 유왕은 그를 웃게 하기 위하여 온갖 방법을 다하였다. 포사가 비단 찢는 소리를 좋아한다고 하여 날마다 사람을 시켜 궁중에서 비단을 찢게 하여도, 온갖 사치와 낭비와 음란과 광태狂態에도 만족하게 웃는 일이 없으니, 그는 최후에는 봉화烽火를 들게 하였다. 봉화는 나라에 반란이나 외적의 침입이 있을 때에 드는 것이다. 그리하면 천하의 제후들이 구원의 군사를 이끌고 달려오는 것이다. 그런데 유왕은 아무 일도 없는데 봉화를 들게 하였다. 천하의 제후들이 천 리를 멀다 하지 않고 군사를 거느리고 달려왔다. 그러나 와 보니 희롱이었다. 제후들이 멍하고 있는 꼴을 보고 포사는 크게 웃었다고 한다. 유왕도 매우 만족해 하였다. 그러나 뒷날 견융犬戎이라는 오랑캐가 쳐들어왔을 때, 이번에는 정말 급하게 봉화를 들었으나 제후들은 아무도 오지 않았다. 유왕은 죽임을 당하고 포사褒姒는 포로가 되었다고 한다.

이런 옛 글귀가 있다.

> 한 번 돌아보면 남의 도성都城을 기울게 하고
> 두 번 돌아보면 남의 나라를 기울게 만든다.
> 一顧傾人城 再顧傾人國

귀천貴賤

옛날에, 낮에는 종 노릇을 하고 밤에는 천자가 되는 꿈을 꾸곤 하는 사람이 있었다 한다.

모르겠구나. 그것은 천자가 낮이면 종의 꿈을 꾸는 것일까, 아니면 종이 밤이 되면 천자의 꿈을 꾸는 것일까. 깬 세상 사람들은 나를 천賤하다고 하고 꿈 세계의 사람들은 나를 귀貴하다고 한다.

귀하다, 천하다 하는 것은 남에게 있고 내게 있지 않다. 그렇다면 귀하고 천한 것이 나에게는 실로 뜬구름 같은 것이며, 밤과 낮은 다 마음이 만드는 환상幻像의 세계일 뿐이다. 그러하니 천하다고 해서 무엇이 근심할 만하며 귀하다고 해서 무엇이 교만할 만한가.

세상에서 부하고 귀한 것을 가지고 스스로 거만하게 구는 자는 깊은 잠을 깨지 못한 것이다.

古有晝爲僕役 夜爲天子者 未知 天子晝則夢僕役歟 僕役夜則夢天子歟 寤中人以我爲賤 夢中人以我爲貴 貴賤在人而不在我 則貴賤於我 實如浮雲 晝夜於心 悉是幻境 賤何足憂 貴何足驕 世之以富貴自傲者 其酣夢未醒

僕役(복역) : 종. 종 노릇.
寤中人(오중인) : 깨어 있는 세상의 사람. 현세의 사람들.
驕(교) : 교만함.
自傲(자오) : 스스로 거만하게 행동함. 교만한 마음을 가짐.

 옛이야기에, 어떤 사람이 낮에는 남의 종 노릇을 하고 있으나 밤만 되면 언제나 만조백관을 거느리고 천자로서 군림하는 꿈을 꾸는 자가 있었다고 한다. 이 이야기를 저자 월창 거사는 이렇게 말하였다.
 "그것은 천자 노릇하는 꿈이란 것이 혹은 참이고, 종 노릇하는 깬 때라는 것이 실은 꿈일지도 모를 일이다. 그렇다면 천자가 낮으로 종의 꿈을 꾸는 것일까, 아니면 종이 밤으로 천자의 꿈을 꾸는 것일까?"

〈장자莊子〉 제물편齊物篇에도 이런 말이 있다.

어느 날 장주莊周는 꿈에 나비가 됐다. 펄펄 나는 범나비였다. 스스로 기분이 좋아서 그것이 장주인 것을 알지 못하였다. 조금 뒤에 문득 깨어 보니 놀라 움직이는 장주였다. "알 수 없는 꿈이로구나! 장주가 나비 되는 꿈을 꾼 것일까? 나비가 장주 된 꿈을 꾼 것일까……?"라고 하였다는 것이다.

어느 것이 꿈인지 알 수 없는 것이 인생이다. 천하다고 하여 실망할 것이 없고, 귀하다고 하여 교만할 것이 못 된다는 것이다. 그렇건만 세상에는 자신의 부귀를 믿고 거만하게 행동하는 사람들이 많다. 그런 사람들이야말로 잠을 못 깬 사람들이라고 개탄할 것이다.

결국 '부귀하다고 하여 교만하지 말라'는 것이 저자가 하고자 하는 말이다. 구태여 이와 같은 고차원적高次元的인 설명을 하지 않아도 한 사람의 인간으로서 그 인격과 교양을 위하여 교만하지 말아야 할 것이다. 민주주의의 생태 속에 살고 있는 현대인에게는 더욱 그러할 것이다. 교만한 사람은 남들이 미워하게 마련이다. 그렇게 되면 자신을 사회에서 고립시키게 된다. 그것은 또한 자신의 성장을 거부하게 된다. 더군다나 인생을 한 조각 뜬구름처럼 생각하는 마음에서야 어디에 교만할 이유가 있겠는가.

옛 시에도 이런 것이 있다.

공명을 즐겨 마라, 영욕榮辱이 반이로다.
부귀를 탐치 마라, 위기危機를 밟느니라.
우리는 일신이 한가하니 두릴 일이 없어라.

흥망이 유수有數하니 만월대로 추초로다.
오백 년 왕업이 목적牧笛에 부쳤으니
석양에 지나는 객이 눈물겨워 하더라.

자구自求

세상 사람들이 부귀를 좋다고 하는 것은, 그것이 세상을 구제하고 남을 이利되게 하는 권한이 될 수 있고, 또한 몸을 부양扶養하고 마음을 기쁘게 하는 바탕이 될 수 있다고 하여서이다.

그런데 지금 마음을 노고勞苦하고 몸을 위태하게 하여 화禍를 다투고 욕됨을 찾고 있으니 스스로 구제할 겨를도 없다. 어느 여가에 세상을 구제하고 남을 이利되게 하며, 자신을 보양하고 마음을 기쁘게 할 수 있겠는가.

부富라는 것은 쓰기에 적족適足하여 결핍함이 없음을 말함이고, 귀貴라는 것은 몸이 영화되고 이름이 높음을 일컫는 것이다. 녹봉祿俸이 이미 쓰기에 넉넉하고 벼슬이 이미 이름을 영광스럽게 할 만하면 마땅히 분수를 편안히 지키고 명수命數에 순종하여 선행을 닦고 직책에 부지런하여, 이것으로써 자신의 몸이 늙어 가고 자손을 위하여 좋은 계책을 남겨야 옳을 것이다. 그런데 더욱 부를 탐내어 싫어할 줄 모르니 한 벌 옷과 한 그릇

밥, 그 밖에 또 무엇을 더할 수 있단 말인가. 이미 귀하고도 더욱 올라가기를 바라니 말 한 필, 수레 하나, 그 밖에 또 무엇이 더 필요하단 말인가.

이것으로 인하여 아들은 교만하여지고 딸은 사치하여지며, 복이 지나치면 재앙이 생기게 마련이니, 자신을 위한 계책으로는 현명하지 못하며, 자손을 위한 계책으로도 또한 소홀하다.

목숨이 홀연히 다하여 영혼이 한번 몸에서 떠나가면 일만 상자에 쌓아 둔 황금이 내게 소용이 없는 것이며, 천 가지의 기심機心이 다 허망한 생각일 뿐이다.

생전의 번화繁華는 문득 꿈이 되고 환상幻像이 되며, 사후의 죄업罪業은 산처럼 쌓이게 될 것이니, 도대체가 다 스스로 불러 온 것으로서 뉘우쳐도 이미 어찌할 수 없을 것이다.

> 人之以富貴爲美者 以其是可爲濟世利物之權 亦可爲養身悅意之資 今勞心危者 爭禍取辱 自救不給 奚暇濟世利物 養身悅意也 富者適用無乏之謂 貴子身榮名尊之謂 祿足以裕用 位足以榮名 則安分順命 修善勤職 以此終老貽謀可矣 旣富而無厭 一衣一飯之外 又何加焉 旣貴而求昇 一馬一車之外 又何多乎 因是而子驕女奢 福過災生 爲身謀則不臧 爲後計則亦疎 忽爾命終 一靈離身 萬箱黃金 不我爲用 千般機心 盡是妄計

生前繁華 却成夢幻 死後罪業 剩得山積 都是自救 悔之無及

自求(자구) : 자신이 구득求得한 것. 스스로 불러온 것.
利物(이물) : 남을 이利되게 함.
適用無乏(적용무핍) : 쓰기에 적족適足하여 결핍缺乏함이 없음.
貽謀(이모) : 자손을 위하여 남긴 계책計策.
不臧(부장) : 착하지 않음. 좋지 않음. 현명하지 않음.
機心(기심) : 기회를 노리는 마음. 교사巧詐한 마음.
罪業(죄업) : 우리들의 말·동작·생각 등으로 죄악을 짓는 것. 죄악.

부귀에 너무 집착하지 말라고 경계한 것이다. 원래 부귀라는 것은 그 지위와 권한으로써 세상에 기여하고 남에게 이利로움을 줄 수 있기 때문에 소중한 것이며, 또 그것으로 인하여 몸을 편안히 기르고 마음을 기쁘게 할 수 있다고 하여 대견하게 여기는 것이다.

그런데 세상에는 부귀를 얻기 위하여 재화災禍를 돌아보지 않고 다투고 싸우며, 욕된 것도 개의치 않고 부귀를 얻기에만 급급해 하는 사람들이 있으니, 그들은 부귀로 인하여 자신에게 닥쳐오는 위난危難도 구제하기가 바쁘다. 하물며 그들에게 세상을 구제하고 남을 도울 수 있기를 기대할 수는 없다.

또 그들은 부귀에 대한 집착이 지나쳐서, 부자가 되면 더욱 부자가 되려 하고, 귀함을 얻으면 더욱더 높은 벼슬을 얻기 위하여 수단 방법을 가리지 않는다. 그야말로 그칠 줄 모르는 욕망의 노예가 되고 만다.

그러나 사람이란 아무리 부자가 되더라도 결국은 한때에 밥 한 그릇 이상을 먹을 수는 없고 한꺼번에 몇 벌의 옷을 겹쳐 입을 까닭도 없다. 또 아무리 귀해도 결국 한꺼번에 말 한 필, 수레 하나에밖에는 탈 수 없는 것이다. 필요 이상의 부富와 귀貴는 도리어 자신을 위해서도, 또 자손을 위해서도 재난의 원인이 될 가능성이 많은 것이다. 그나마 한번 목숨이 다하는 날이면 일만 상자에 황금을 가득 담아 놓았다 하더라도 그것이 나에게 무슨 소용이 있겠느냐는 것이다.

이 세상의 부귀영화는 다 한때의 꿈일 뿐이고, 자칫 사후에 죄악만이 남게 될 수 있다. 또 부귀를 얻기 위하여, 혹은 부귀하기 때문에 짓게 된 많은 죄의 씨앗이 산처럼 쌓여서 내세來世에 업보業報를 받게 된다는 것이다.

그러나 이 모든 것이 다 자승자박自繩自縛이니 누구를 원망할 수도 없다는 것이다. 우리는 여기에서 불가佛家의 눈을 가진 월창 거사의 견해는 잠깐 보류하고라도, 현세인現世人의 위치에서

이 기회에 부귀富貴라는 것에 대하여 한 번 생각해 봄 직하다.

귀貴라는 것은 높은 지위를 의미한다. 주로 정치에 참여하는 지위와 권한을 일컫는 말이다. 또 부富라는 것은 풍족한 물질적 여유를 향유한다는 말이다.

사람이 정치에 참여하여 나라의 발전에 공헌하고, 국민의 복리 향상을 위하여 이바지한다는 것은 매우 소중한 일이며 또 보람 있는 일이다. 또 사람은 누구나 풍부한 물질의 여유를 누리고자 한다. 이러한 인간의 욕망이 인류의 찬란한 물질문명을 쌓아 올린 원동력이 된 것을 부인할 수 없다.

그렇다면 귀貴 그 자체나 부富 그 자체는 찬미할망정 비난하거나 경멸할 이유는 없다. 다만 인간이 그 부귀를 지나치게 탐내는 나머지, 그릇되고 정당하지 않은 방법으로 그것을 얻으려 하고, 얻으면 그것을 악용하려 하기 때문에, 인류의 많은 추악한 죄과罪過가 부귀 때문에 일어날 뿐이다. 그러한 부작용을 미워하여 부·귀 그 자체를 미워한다는 것은 중정中正한 견해는 아닐 것이다.

우리 나라에는 예전부터 부富를 경시하는 경향이 있어, "나물 먹고 물 마시고……." 하는 식의 초연한 체하는 생활 태도가 찬양되어 왔으나, 그러한 풍조가 우리를 오랜 세월 동안 가난한 겨레로 만들어 놓은 것이 아닐까 한다. 정당한 노력의 대가로 얻어지는 부귀가 어째서 경멸되어야 하는가. 공자도, "부귀는 사람이 하고자 하는 것이다."라고 하였다.

　여기 월창 거사도 부귀 그 본질을 비난하지는 않았다. 다만 수단 방법을 가리지 않고 부귀에만 집착하는 그러한 인생살이의 태도를 개탄하였을 뿐이다. 더구나 그는 삼계三界 육도六道의 윤회輪廻를 얘기하는 불가인佛家人의 견해로서, 한낱 꿈일 뿐인 부생浮生이 부귀 때문에 산처럼 쌓이는 많은 죄업罪業을 저질러 내세의 업보業報를 받게 된다는 것을 생각할 때 연민의 정을 금치 못하였을 것이다. 이런 성현들의 말씀이 있다.

　　의義 아닌 부富와 또 귀貴는 나에게 뜬구름과 같다.
　　不義而富且貴 於我如浮雲
　　　　　　　　　　　　　　　—공자

　　부귀하여 교만하게 되면 스스로 화를 초래할 것이다.
　　富貴而驕 自遺其咎
　　　　　　　　　　　　　　　—노자

　　생전의 부귀는 풀 끝의 이슬 같다.
　　生前富貴草頭露
　　　　　　　　　　　　　　　—소동파

업명業命

 선善과 악惡은 업業이고 경사와 재앙은 명命이다. 사람에게 있는 것이 업이고 하늘에 있는 것이 명이다. 스스로 닦고 원망하지 않는 자는, 업業이란 자신이 스스로 지은 데서 오는 것임을 안다. 순순히 받아들이고 근심하지 않는 자는, 명命이란 이미 정定함이 있다는 것을 안다.

 꿈속의 일을 점검하여 보면, 한 가지의 영화도, 한 가지의 치욕도 모두 자기의 하고 싶은 대로 된 것이 아니다. 그러니 명命이 있는 것 같다. 그러나 실은 한 가지의 물건, 한 가지의 일도 다 나의 마음이 지은 것이니, 꿈속의 모든 세계는 곧 나의 한 생각일 뿐이다.

 깜짝 깨달으니 비로소 옛사람이 근심하지 않은 뜻을 알겠다.

 善惡業也 慶殃命也 在人爲業 在天爲命 自修而不怨者 知業

由自作 順受而不憂者 知命有已定 點檢夢事 一榮一辱 俱不自由 似乎有命 而一物一事 皆我心造 全夢世界 卽我一念 憬然有醒 始知古人不憂之義

業命(업명) : 業(업)은 사람이 스스로 몸·입·뜻으로 짓는 말과 동작과 생각을 일컫는 것이고, 命(명)은 운명運命이니 사람의 힘으로 어찌할 수 없는 큰 힘을 말함. 운세運勢. 천명天命.
慶殃(경앙) : 경사와 재앙.
自由(자유) : 자기의 의사대로 함.
憬然(경연) : 깨닫는 모양.

인간이 봉착하고 경험하는 모든 일은 두 가지의 작용에서 온다. 하나는 명命이란 것이고, 또 다른 하나는 업業이란 것이다.
업은 사람 자신이 짓는 것이고, 명은 사람의 힘으로 어찌할 수 없는, 이른바 운명이니 천명이니 하는 것이다. 가령 선한 일 또는 악한 일을 하여 그의 갚음으로 받는 선과善果·악과惡果는 다 사람 스스로 짓는 것이다. "가는 말이 고우면 오는 말이 고우며" "남의 눈에 눈물을 흘리게 하면 내 눈에는 피눈물 나게 된다."는 것이 바로 업業이란 것이다.

뜻밖에 천재지변이 일어나 화를 입게 된다거나, 생각지도 않은 큰 경사가 찾아오는 것과 같은 것은 다 운명이며 하늘의 뜻이라는 것이다. 이것은 사람의 힘을 초월한 것이라고 생각한다. 그렇기 때문에 이러한 이치를 알고 있는 사람은 어떤 악의 업보業報가 있을 때에도 이것은 자신의 악업에서 오는 것임을 알고 스스로 반성하고 수양할 뿐, 원망하지 않는다. 또 어떤 뜻밖의 재앙을 당하였을 때에, 가령 도시에서 뜻밖에 이웃의 화재로 재산을 연소延燒당했을 경우에 사람의 운명이란 이미 정하여진 선천적인 것이 있음을 알고 근심하지 않는다는 것이다. 말하자면 어찌할 수 없다고 체념하는 것이다.

꿈도 길몽·흉몽 그 어느 것이나 꿈꾸는 사람의 뜻대로 꾸어지는 것은 아니다. 운명이라는 것도 사람의 힘으론 어찌할 수 없는, 이미 정해진 것이라는 것이다.

그러나 실은 온갖 꿈속에 나타나는 현상이 다 내 마음의 망작에서 오는 것이다. 그렇다면, 인생의 명命이란 것도 결국은 다 내 마음에서 생기는 것일 뿐인 것이다. 즉 경사라는 것도 재앙이라는 것도, 실은 나의 마음이 그렇게 생각하고 느끼는 한낱 환상일 뿐이라는 것이다. 자고 깨는 것은 짧은 꿈이고, 나고 죽는 것은 긴 꿈일 뿐인 것이다. 무엇을 근심하고 슬퍼하는 것인가. 해탈解脫한 옛사람들이 근심하지 않았다는 심정을 이해할 수 있다는 것이다. 나쁜 업보가 왔을 때에는 남을 원망하지 말고 자신의 반성과 수양에 더욱더 힘쓸 것이며, 어떤 불운不運이 닥쳐왔을 때에도 순순히 받아들일 뿐, 쓸데없는 근심을 하지 말라는 것이다.

이러한 생각은 이른바 "사람의 할 일을 다하여 천명을 기다린다(盡人事待天命)."라는 말과 같은 것이다. 결국 인간은 이 이상의 일을 할 수 없지 않은가 하고 월창 거사는 말하고 있다.

이런 옛 시가 있다.

일만 가지 일, 분수 이미 정한 것을
부생浮生이 공연히 스스로 바빠하네.
萬事分已定 浮生空自忙

동치 冬雉

 겨울철은 꿩이 기름지고 윤택하며, 봄철의 준치는 달고 아름답다고 한다. 세상 사람들은 천지가 생물을 길러 사람을 공궤供饋한다고 하면서 새와 짐승으로 때를 따라 반찬을 삼는다.

 활을 쏴서 사냥하고 그물을 쳐서 걸리게 하는 것을 태연히 떳떳한 일로 여기며, 죽이고 베고 삶고 지지는 것을 조금도 불쌍히 여기지 않는다.

 저 뭇 생물들은 모두가 동일한 성性에서 태어난 것이며, 같은 천지의 포태胞胎 속에서 나온 동포 형제들이다. 모두 이理와 기氣를 품부稟賦받고 있다. 비록 감정과 지혜의 다름과, 업력業力의 변화로써 각각 제 특유의 성명性命을 받았기 때문에 품류品類가 같지 않기는 하지만, 모두 삶을 사랑하고 죽음을 두려워하는 심정은 같다.

 강한 자는 약한 자를 업신여기고, 교묘한 자는 졸렬한 자를 속이면서 힘으로 싸워서 잡아먹고 덫을 놓아 잡으니, 이것이 과연 하늘의 공급함이며, 물건이 스스로 오는 것일까. 범과 이리가 사람을 잡아먹고, 모기는 사람의 피를 빨아 먹는다. 사람의 피와 살이 어찌 저것들을 기르기 위하여 때를 따라 살찌는 것이겠는가.

뭇 생물들이 서로 잡아먹는 것이라면 사람의 마음도 또한 생물들과 서로 싸운다는 책망을 면치 못할 것이다. 저 생물들의 형체가 비록 크고 작음이 있으나 제각기 성명性命이 있으며, 스스로 사랑하고 스스로 귀중하게 여긴다. 괴로움을 알고 아픔을 안다. 어미와 새끼의 애정이 있고 암컷과 수컷의 정이 있다. 서로 함께 다니는 것을 즐겨 하고 서로 따로 헤어지는 것을 슬퍼한다.

지금 세상 사람들은, 한때의 식사를 위해 몇 생물들의 슬픔을 만들었으며, 두 젓가락 사이에 몇 생물들의 사랑이 이별을 당하게 되었는가. 그 새끼를 죽이면 어미의 창자가 마디마디 끊어지고, 수컷을 삶으면 암컷이 그 솥에 몸을 던진다. 그 눈동자를 굴리며 굴리며 곁눈으로 보는 모습은 슬픈 정이 마치 살려 달라고 바라는 빛이며, 역력히 꿈에 나타나 살려 주기를 비는 것은, 영성靈性이 막히지 않았건만, 사람들은 조금도 느끼거나 깨달음이 없이 오직 자양과 좋은 맛만을 탐하고 있는 것이다. 측은하게 여기는 어진 마음이 어디에 있고, 미물微物에 미치는 의義로움이 어디에 있는가.

아아! 온 세상은 혼미한 꿈속에 있음이 오래구나.

冬雉膏澤 春鱗甘美 世以謂天地養物以供人 禽獸應時而爲膳 射獵網羅 恬以爲常 宰割烹煮 少無不忍 夫羣生之物 均是一性 同胞天地 皆稟理氣 雖以情識之殊 業力之化 各正性命 品類不齊 然其愛生 怕死之情同也 強者凌弱 巧者欺拙 鬪力而食 設機而取 是果天之所供 物之自來乎 虎狼啖人之肉 蚊蚋嘬人之血 人之血肉 豈爲彼而養 應時而肥哉 羣物相噉互吞 則人心亦未免與物相爭之責矣 彼物之形 雖有大小 各有性命 而自愛自貴 知苦知痛 亦有母子之愛 牝牡之情 樂與追逐 哀相別離 今世一筵之上幾痛溱集 雙筯之間 幾愛別離 殺其子而母腸寸斷 烹其雄而雌身投鼎 盱盱目視 慘情有望 歷歷夢乞 靈性無隔 少無感悟 惟貪滋味 惻隱之仁烏有 及物之義安在 噫 舉世之昏夢久矣

冬雉(동치) : 겨울철의 꿩.

恬以爲常(염이위상) : 태연하게 상례常例의 일로 생각한다.

不忍(불인) : 차마 하지 못함. 여기에서는 불인지심不忍之心의 뜻으로 쓰고 있다. 즉 차마 하지 못하는 마음. 가엾게 여기는 마음. 어진 마음.

性(성) : 이理. 본질(本性).

同胞天地(동포천지) : 하늘과 땅 사이에서 같이 태어났으니 같은 포태胞胎 속에서 난 동포 형제와 같다는 말.

理氣(이기) : 理(이)는 우주의 원리原理, 氣(기)는 만물의 형체를 형성하는 질료質料. 인체人體와 우주의 모든 생물은 이理와 기氣로써 성립된다. 이理는 형이상形而上인 것이고 기氣는 형이하인 것. 이理는 우주의 본체本體이고 기氣는 그 현상現象이다.

業力之化(업력지화) : 불가에서는, 사람은 자신이 지은 업보業報의 힘에 따라 육도六道를 윤회輪廻하여 사람으로도, 축생畜生으로도 태어난다 한다. 육도는 중생衆生이 업인業因에 따라 윤회하는 여섯 가지의 길이니, 지옥도地獄道·아귀도餓鬼道·축생도畜生道·아수라도阿修羅道·인간도人間道·천상도天上道이다.

各正性命(각정성명) : 천지만물이 제각기의 성명性命을 바르게 발휘함. 성명性命은 만물이 가지고 있는 본성本性.

品類不齊(품류부제) : 종류가 같지 않음. 천지만물은 그 종류와 품등品等이 같지 않다는 말.

鬪力而食(투력이식) : 힘으로 싸워서 잡아먹음.

設機而取(설기이취) : 덫을 놓아 속여 잡음. 함정을 만들어 잡음.

蚊蚋(문예) : 모기.

相噉互吞(상담호탄) : 서로 잡아먹음.

湊集(주집) : 한곳에 모여듦.

雙筯(쌍저) : 두 개의 젓가락.

眄眄目視(면면목시) : 눈동자를 굴리며 굴리며 곁눈으로 봄.

歷歷夢乞(역력몽걸) : 歷歷(역력)은 분명하다는 말, 夢乞(몽걸)은 꿈에 나타나 살려 달라고 비는 것.

靈性無隔(영성무격) : 신령한 본성이 서로 통함.

烏有(오유) : 어디에 있는가.

及物之義(급물지의) : 남에게 미치게 하는 마땅한 도리. 미물微物에 미치게 하는 의義로움.

살생殺生을 경계한 것이다. 불가佛家에서는 살생을 이른바 십악十惡의 한 가지로 하여 금하고 있다. 그래서 출가出家하는 자가 지켜야 할 오계五戒의 첫째로 들고 있다.

모든 생물은 원래 하나의 본질에서 생겨난 것이다. 그리고 천지음양의 섭리로 천지 사이에 함께 생生을 받은 동포 형제라는 것이다. 비록 기질의 차이로 형체와 품류가 같지 않지만, 모든 생물은 살기를 좋아하고 죽기를 겁내는 마음이 있으며, 모자母子·자웅雌雄의 애정이 있다. 그런데 사람은 모르는 체하고 그들을 잡아 아름다운 맛만을 탐하고 있으니 그것은 죄악이며 크게 반성해야 한다는 것이다.

우리 나라에도 미물에 얽힌 이야기는 많다. 흥부가 제비의 다리를 치료해 준 대가로 제비의 보은報恩을 받은 이야기는 너무나 널리 알려져 있다. 또 포수에게 쫓기는 사슴을 숨겨 주어서 사슴의 보은을 받는 이야기도 널리 알려진 것이다.

 모든 생물은 다 동일한 성性에서 태어났으며 천지를 부모로 하는 동포 형제라고 생각한다면, 사람들이 함부로 동물을 죽이는 것은 잔인하고 도리에 어긋나는 일임에 틀림이 없을 것이다. 구태여 불가설佛家說을 빌리지 않고 우리 속인俗人의 생각으로도, 살생하지 않고 사람이 그 생生을 유지할 수 있다면 그것이 가장 좋은 일일 것이다. 다만 우리는 진정 살생하지 않고 살 수 있을까 하는 문제에 부딪친다. 엄격히 따진다면, 곡식을 먹고 채소를 먹는 것도 살생이 아닐 수 없다. 곡식의 하나하나에도, 또 채소에도 생명이 있는 생물이기 때문이다. 식물의 생명은 죽여도 좋고 동물의 생명은 죽여서는 안 된다는 것은 논리상論理上 모순이 있다. 동물도 식물도 살생함이 없이는, 인간이 하루도 그 생명을 유지할 수 없다.

 그러나 우리는 살생을 경계한 그 자비로운 정신을 우러러 존경하지 않을 수 없으며 반성하고 명심하지 않을 수 없다. 우리는 사람 이외의 모든 생물에도 생명은 소중하다는 것을 염두에 두어야 할 것이다. 다음에 시 한 수를 옮겨 본다.

콩을 삶는 데 콩깍지 태우니

콩은 가마 속에서 우는구나.

본래 한 뿌리에서 난 몸인 것을

삶은 어이 그리 급박한가.

煮豆燃豆萁 豆在釜中泣

本是同根生 相煎何太急

관신觀身

세상 사람들이 자신은 귀하게 여기고 남은 천하게 여기며, 자신은 사랑하면서 남은 경멸한다.

스스로 일생을 받들기 위하여, 얼마나 많은 다른 생물의 생명을 해치는가. 진실로 능히 나의 몸도 또한 한낱의 생물이라는 것을 안다면, 감히 타물他物을 해쳐서 나라는 생물을 기르지는 못할 것이다.

생물들이 각기 제 몸을 사랑함이, 또한 내가 내 몸을 사랑함과 같다는 것을 안다면, 차마 다른 생물의 사랑하는 몸을 빼앗아서, 내가 사랑하는 나의 몸을 즐기게 할 수는 없을 것이다.

군자君子는 무례한 태도로 주는 음식을 먹기 부끄러워하고, 주지 않는 것을 갖는 것은 탐욕한 사나이도 싫어한다. 하물며 남을 속여 덮쳐 잡아서 그 몸을 통째로 빼앗는 일이 어찌 한 번 무례한 태도를 짓는 것에 견주겠는가. 그 어찌 마음에 달게 여기며 허락하겠는가.

저 미물微物이 비록 말은 하지 못하나, 반드시 사람 보기를 강도보다 심한 것으로 볼 것이며, 사람 두려워하기를 사나운 범보다도 더한 것으로 여길 것이다.

스스로 내 몸을 보면 한낱 피와 고기의 전대이며 비린내 나는 더러운 주머니인 것이다. 굶주리고 목마르며 춥고 더운 것의 번거로움과 나고 늙고 병들고 죽는 것의 괴로움이, 묵은 빚의 독촉을 받는 것 같고 무거운 짐을 짊어진 것 같다. 당기고 끌고 서로 찾아 들어서 스스로 가만히 있을 수가 없다.

그러고는 아침에는 갑甲이 병들었다는 말을 듣고, 저녁에는 을乙이 죽는 것을 본다. 차례로 시들어 떨어져서 한 사람도 장구히 머물지 못한다. 한번 숨이 끊어지면 한 덩어리의 싸늘한 고기일 뿐이다. 잠깐 사이에 썩고 문드러지는 것이니, 무엇이 다른 생물보다 특별한 데가 있어서, 귀하게 여기고 사랑스럽게 여길 만한 것이 있는가. 물거품 같은 환상幻像이며 지나가는 나그네 같고 꿈속의 몸과 같다. 분수에 따라 섭양攝養하여 상해傷害됨이 없게 할 뿐이다.

자기의 몸도 또한 물物이란 것을 알고, 물物이 참존재가 아닌 것을 안다면, 남을 천하게 여기고 남을 경멸하는 마음이 없을 것이며, 남을 손상하게 하고 남을 해치는 일도 없을 것이니, 공평하고 탄솔坦率하여서 물物과 함께 편안하고 한가한 마음으로 지낼 수 있을 것이다.

世人自貴而賤他 自愛而蔑他 自奉一生 害物幾命 苟能自知吾身亦一物 則不敢害他物而養吾物 知物之各愛其身 亦猶吾之自愛其身 則不忍奪他愛而悅吾愛 夫嗟來之食 君子恥之 不與而取 貪夫惡之 況欺物掩取 全奪其身 奚啻 一嗟之比 豈其甘心而許哉 彼物雖不能言 而必將視人 甚於強盜 畏人 過於猛虎 夫自視吾身 卽一血肉之俗 腥臊之囊 飢渴寒暑之累 生老病死之苦 如督宿債 若荷重擔 牽引相尋 不得自在 然而朝聞甲病 夕見乙死 次第殂落 無一久者 一息不來 是一塊冷肉 頃刻腐爛 有何別於物而可貴可愛者耶 泡漚幻形 歷旅夢身 隨分攝養 俾勿傷害而已 知身亦物而知物非眞 則無賤他蔑他之心 損人害物之事 公平坦率 與物優遊

觀身(관신) : 몸을 살펴봄. 육신에 대하여 생각함.

蔑他(멸타) : 남을 경멸함. 여기서는 남의 몸을 소중하게 여기지 않는다는 말.

吾身亦一物(오신역일물) : 내 몸도 또한 천지만물 중의 한 개의 생물이다.

嗟來之食(차래지식) : 무례한 태도로 먹으라고 주는 음식. 경멸해서 주는 대접.

不與而取(불여이취) : 주지 않는 것을 가짐.

吾身卽一血肉之佱(오신즉일혈육지대) : 우리의 육신肉身은 한 개의 피와 고기의 전대일 뿐이다. 즉 사람의 몸이란 것은 그 속에 피와 고기를 넣어 놓은 전대와 같은 것이란 말.

腥臊之囊(성조지낭) : 비린내 나고 더러운 주머니. 즉 사람의 육체는 그 안에 비린내 나고 더러운 것이 들어 있는 주머니와 같다는 말.

如督宿債(여독숙채) : 묵은 빚의 독촉을 받는 것과 같음.

殂落(조락) : 죽음.

一息不來(일식불래) : 息(식)은 숨쉬는 것이니 한 번 숨이 끊어지면, 즉 숨이 끊어지다의 뜻.

泡漚幻形(포구환형) : 물거품 같은 환상幻像.

歷旅夢身(역려몽신) : 지나가는 나그네 같고 꿈속의 몸과 같은 것.

隨分攝養(수분섭양) : 자신의 분수에 맞추어 적당한 운동과 음식으로써 몸을 조섭하여 건강을 기름.

物非眞(물비진) : 물物이란 형체를 갖고 있는 것을 지칭하는 말. 형체라는 것은 병들고 늙고 죽어 없어지게 마련이다. 그러므로 영구불변의 것이 아니라 한때의 환상일 뿐이며 참이 아니라는 말.

坦率(탄솔) : 성품이 관대하여 사소한 예절에 구애되지 않음.

優遊(우유) : 편안하고 한가한 마음으로 지냄.

이 장은 앞 장章을 부연한 것이다. 사람들이 살생을 함부로 하여 자신의 구복口腹을 만족시키는 것을 떳떳한 일로 생각하고 있고, 타물他物의 육신을 잔해殘害하여 자신의 육신을 기르고 있으며, 사람 자신의 육신만을 소중히 여기고 있다. 그러나 사람들이 천지만물 가운데서 가장 존귀한 것이라고 생각하는 사람의 육신이란 것이 과연 그렇게 특별히 소중한 존재일까? 아니다. 그것은 사람이 저 혼자만이 그렇게 생각할 뿐이지 공정한 견해가 아니다. 소에게는 소의 몸이 소중하고 닭에게는 닭의 몸이 소중한 것이다. 자신의 몸을 사랑하거든 타물의 몸도 소중한 것임을 알아야 한다는 것이다.

　한편 사람의 육신이란 생겼나 하면 금방 사라지는 물거품과 같고, 지나가는 나그네의 한 가닥의 꿈 같은 짧은 인생을 담고 있다간 사라지는 덧없는 존재이다. 정말 인간의 한평생이란 짧고도 서글픈 것이다. 그 짧은 동안에도, 육신이란 병들고 늙고 상해를 입고 수척하고 비관하곤 하여 완전한 기능을 발휘하는 날은 그다지 많지 않다. 그러다가 한 번 숨이 끊어지면 그 자리에서 보기 흉한 한 개의 싸늘한 고깃덩어리에 지나지 않게 되며, 금방 부패하고 냄새나는 꼴이, 다른 생물들의 육체보다 존귀하거나 소중한 것이 없다. 결국 사람의 육체도 한낱 물체, 변하고 사라지게 마련인 덧없는 존재일 뿐이다.

그러니 타물他物의 몸을 허술하게 여기며 사람 자신의 몸만을 소중히 여기는 잘못된 생각을 버리라는 것이다. 사랑하고 불쌍히 여기며 공평하고 탄솔한 마음으로 물아物我를 하나로 생각하는 큰 안목과 도량을 가지라는 것이다.

여기 옛 시 한 수를 들어 보기로 하자.

> 북망산 위에는 무수한 무덤들이 있어
> 천추만고千秋萬古에 번화한 낙양성과 마주 보고 있네.
> 성 안에는 밤낮으로 노랫소리 풍악소리 일어나건만
> 산 위에는 소나무 잣나무의 바람소리뿐이로구나.
> 北邙山上列墳塋 萬古千秋對洛城
> 城中日夕歌鐘起 山上唯聞松柏聲

관심 觀心

몸을 살펴보니 내가 없다. 그렇다면 마음을 '나'라고 하는가. 세상에서 소위 나라고 하는 것을 어째서 마음이라고 하는가.

 신체의 기호嗜好와 의사意思의 계획하고 헤아리는 작용을 어찌 나의 마음이 아니라고 말할 수 있겠는가.

 음란하고 탐욕스럽고 비루한 생각과 즐겨 하고 성내는 치우친 감정도 또한 어찌 그것은 나의 마음이 아니라고 말할 수 있겠는가.

 사악邪惡한 마음이 맹동萌動하면 바른 마음이 그것을 제지하며, 악한 마음이 잘못을 저질렀을 때에 선한 마음이 그것을 뉘우치는 작용도 또한 어찌 그것은 나의 마음이 아니라고 말할 수 있겠는가.

 한 사람의 마음이 이와 같이 다양하다. 어느 마음이 '나'이며, 어느 마음은 '나' 아닌가. 만약 이것은 나이고 저것은 나 아니라고 한다면, 늙어서 일평생의 한 일이 잘못이었음을 후회하는 사람은, 그가 일생 동안 '나'라고 하던 것을 잃어버리게 된다. 그렇다면 오늘 후회하는 그 마음이 나일까. 그러나 뒷날 또 그것이 나 아닌 것이 되지 않는다는 것을 어떻게 보장하겠는가. 나다, 나 아니다 하는 것도 오히려 이렇게 혼란하다. 과연 어느 것이 참 나인가.

만약 마음이 비[空]고 대경對境이 사라져서 모든 마음을 마침내 알 수 없게 된다면 전일에 소위 '나다', '나 아니다'라고 한 것은 모두가 꿈속의 마음일 뿐이다.

觀身無我則以心爲我乎 世所謂我者 以何爲心 身體之所嗜好 意思之所計度 豈不曰我心乎 淫貪之鄙陋 喜怒之偏僻 亦豈不曰我心乎 邪心萌動 正心制之 惡心做錯 善心悔之 亦豈不曰我心乎 一人之心 如此多樣 何心是我 何心非我 若云此是我 彼非我 老而悔一生之非者 失其一生之所以爲我矣 今日之悔者 是我乎 後日又安知不爲非我也 是我非我 尙且混亂 果孰是眞 若夫心空境泯 而諸心了不可得 則向所謂是我非我者 俱是夢心

觀心(관심) : 자기 마음의 본 성품을 똑똑히 살펴봄.

邪心萌動(사심맹동) : 사악邪惡한 마음이 싹트려고 함. 사악한
　　　마음이 처음 일어나려고 함.
　　做錯(주착) : 잘못을 저지름.
　　心空境泯(심공경민) : 자신의 마음이 무욕염담無慾恬淡하여 텅
　　　빈 허공처럼 되며 환경도 저절로 빈 것처럼 구애되는 것이
　　　없어진다는 말. 〈채근담菜根譚〉에 "心空則境空 去境存心者
　　　如聚羶卻蚋"라는 말이 있다.

　앞 장에서는, 사람의 육신肉身의 무상無常함을 말하고, 그것은 참 '나'가 아니라는 것을 말하였다.

　이 장에서는 앞 장에 계속하여, 그렇다면 사람의 마음이란 것은 어떤 것인가 하고 마음을 살펴본 것이다.

　사람의 마음에는 바른 마음도 있고 사악邪惡한 마음도 있다. 잘못을 범하려는 마음도 있고 그것을 제지하는 마음도 있다. 잘못을 감행하는 마음도 있고 그것을 후회하는 마음이 있다. 건설적인 마음이 있고 파괴적인 마음이 있다. 한 사람의 마음이 이렇게 다양多樣하다. 그러니 어느 마음이 '나'인가.

　또 사람의 마음이란 변하고 바뀐다. 그러면 먼저 마음이 '나'인가 뒤 마음이 '나'인가. 이렇게 어느 마음이 나의 참모습을 표현하는 것인지 알 수 없다. 그러니 더군다나 어느 것이 참

'나'인가를 알 길이 없다는 것이다. 결국 모든 물욕과 사심邪心이 텅 비어지고 따라서 대경도 빈 그런 경지에 도달하게 되면, 즉 크게 깨닫고 달관하게 되면, 거기에는 사심邪心도 선심善心도 바른 마음도 악한 마음도 없어지고 모든 것이 공空일 뿐이다. 시비지심是非之心도 없어지고 무심無心의 상태일 뿐이다. 어느 마음은 나다, 어느 마음은 내가 아니다라는 것은 다 한낱 헛된 꿈속의 마음일 뿐이라는 것이다.

여기 시비지심을 멀리하는 옛 시 한 수를 옮긴다.

> 어지러운 돌 사이를 미친 듯 쏟아지니 성낸 물소리에
> 산이 모두 울부짖어
> 사람의 말〔語〕 옆에서도 못 듣겠네.
> 혹시나 시비是非의 소리 귀에 들릴까 저어하여
> 일부러 흐르는 물을 시켜 산들을 모두 귀먹게 만든다네.
> 狂奔疊石吼重巒 人語難分咫尺間
> 或恐是非聲到耳 故敎流水盡聾山

호접 蝴蝶

 옛사람이, 꿈에 범나비가 되어 기분 좋게 훨훨 날다가 깨어 보니 놀랍게도 사람이었다. 이에, 사람이 꿈에 나비로 화한 것일까, 아니면 나비가 꿈에 사람으로 화한 것일까, 하고 의심하였다고 한다.

 그것은 과연 어느 것이 꿈이고 어느 것이 깬 것인가를 알 수 없다. 사람이 나비 꿈을 꾸었다면 나비는 사람의 꿈속에 나타난 물건일 것이고, 나비가 사람의 꿈을 꾸었다면 사람은 나비의 꿈속에 나타난 물건일 것이다. 사람과 나비는 다 같이 꿈속의 환상幻像일 뿐이다. 어찌 반드시, 그 어느 것이 참이고 어느 것이 꿈이라는 것을 구분할 필요가 있겠는가. 그 가운데에 스스로, 일찍이 사람도 아니고 일찍이 나비도 아닌, 꿈 아닌 것이 있을 것이다.

古人夢爲蝴蝶 栩栩然飛 醒則遽遽然人 因疑人夢化蝶歟 蝶夢化人歟 其果不知孰是夢孰是覺耶 人而夢蝶 則蝶是人夢中物 蝶而夢人 則人是蝶夢中物 卽人與蝶同一夢幻 何必分其誰夢誰眞 其中自有不夢 者存而未嘗人未嘗蝶

栩栩然飛(허허연비) : 栩栩然(허허연)은 기뻐하는 모양. 즉 즐겁게 훨훨 날다.

遽遽然(거거연) : 놀라는 모양. 놀랍게도.

　이 장은 〈장자莊子〉 제물편齊物篇에 나오는 장주莊周의 꿈 이야기를 인용한 것이다. 장주는, "내가 나비 되는 꿈을 꾼 것일까? 나비가 장주 된 꿈을 꾼 것일까……?"라고 하였다.
　월창 거사는 "그 나비나 사람이 실은 다 한낱 꿈속의 환상幻像일 뿐이니, 구태여 어느 것이 꿈이고 어느 것이 꿈 아닌가를 분간하여 무엇하겠는가. 그 속에는 나비도 아니고 사람도 아닌, 정말 꿈도 아닌 것이 따로 존재할 것이다."라고 하였다.
　결국 깨었다고 하는 것도 실은 한낱 환상幻像이며 꿈이라고 하는 깃노 한낱 환상이다. 어느 것이나 다 꿈일 뿐이다. 그 나비니 사람이니 하는 가운데서 참을 찾을 수는 없다. 그 참이란 것은 나비도 사람도 아닌, 영원히 변하지도 없어지지도 않는 그 무엇이라는 것이다. 그러면 그 참이란 어떤 것일까. 인간의 궁극적인 열망은 그 '참'이란 것을 찾으려는 데 있는 것이 아닐까. 따라서 모든 철학도 종교도 결국 그 참이란 것을 찾기 위함일 것이다.

옛 시에도 이런 것이 있다.

예나 지금이나 크게 지혜 있는 사람은
생각하고 또 생각하여 내 몸 환상임을 아네.
환상임을 알아 문득 환상을 벗어나면
의젓이 본신이 나타나리.
古今大智人 念念知幻身
知幻便離幻 堂堂現本身

개안開眼

세상 사람들은 눈을 감고 꾼 것을 꿈이라고 한다. 그리하여 눈을 뜨고도 꿈이 있다는 것을 알지 못한다.

시시각각으로 일어났다가 사라지곤 하여 일만 가지 양상이 나타나고 멸몰滅沒한다. 혹은 오래되고 먼 일을 생각하며, 혹은 사곡邪曲한 생각, 혹은 바른 생각이 일어나곤 한다.

먼 것, 가까운 것, 오랜 것, 잠깐인 것이 그림자가 물에 비치는 것 같아서 허虛한 것 같기도 하고 실實한 것 같기도 하다. 잊은 듯하기도 하고 기억할 듯하기도 하다.

뜻을 두지 않건만 뜻 가운데에 있고, 실로 생각지 않건만 생각 가운데에 있다. 어떤 것은 잠깐 생겼다간 즉시 없어지기도 하고, 어떤 것은 유인誘引하고 견련牽連하기도 하다. 이것들은 그 찰나刹那 찰나가 모두 꿈이라고 말할 수 있다.

자면서 꿈꾸고 깨어서도 또한 꿈을 꾸니 사람의 일생이란 전부가 꿈이로구나.

世人以合眼爲夢 而不知開眼有夢 夫念念起滅 萬相出沒 或憶久遠事 或起邪正想 遠近久暫 眞妄善惡 如影照水 若虛若實 似忘似憶 非用意而在意中 非實念而在念中 或乍生卽滅 或誘引牽連 此可謂念念之夢 寐而夢 寤而亦夢則一生全是夢

念念(염념) : ① 생각하고 생각함. 항상 생각함. ② 찰나刹那.
誘引牽連(유인견련) : 한 가지의 생각이 다른 생각을 끌어들여 서로 견제하기도 하고 서로 관련하기도 하는 것.

 꿈은 눈을 감고 잠잘 때에만 꾸는 것은 아니다. 눈을 뜨고 있으면서 꾸는 꿈이 있다. 온갖 생각들이 시시각각으로 사람의 머릿속에 떠올랐다간 사라지고 나타났다간 없어지곤 한다. 이렇게 생각에 잠기는 것을 눈을 뜨고 꿈꾸는 것이라고 하였다. 자신이 생각하려고 하지도 않는데 생각이 어느 사이에 머릿속에 자리잡는다. 그런가 하면 어느 사이에 사라진다. 생각은 생각을 이끌어 다음으로 또 다음으로 옮겨 가기도 하고, 어느 생각은 아주 집념이 되기도 한다. 그러나 항상 그 양상을 바꾸어서 나타나는 경우가 많다. 하지만 결국은 이 모든 생각이 헛된 것이다. 이것이 바로 눈을 뜨고 꿈꾸는 것이다.

  그렇다면 사람은 잠자면서 꿈꾸고 눈 뜨고도 꿈을 꾸니, 인생이란 도대체 전부가 꿈이란 말인가. 그러는 사이에 어느덧 인생이란 긴 꿈은 사라지고 마는 것이다. 이런 옛 시가 있다.

>지당의 춘초몽을 깨기도 전에
>뜰 앞의 오동잎 이미 가을바람 소리로구나.
>
>未覺池塘春草夢 階前梧葉已秋聲

인진 認眞

어린아이가 꿈속에서 성을 내면 깬 뒤에도 오히려 성내며, 꿈속에서 무엇을 얻으면 깨어서도 오히려 그것을 찾는다. 이것은 빈 환상幻像이라는 것을 알지 못하고 오직 그것이 참이라고 생각하기 때문이다.

  소위 얻었다, 잃었다고 하는 것이나, 기뻐하고 성내는 것이 성性 속에 본래 있는 것이 아니니, 그 허虛니 실實이니 하는 것이 모두가 환상일 뿐이다. 오직 대인大人만이 다 헛된 환상임을 안다. 그런 까닭에 깰 때의 얻는 것, 잃는 것, 기쁜 것, 성내는 것도 또한 참이라고 인정하지 않는다.

小兒夢中怒而覺猶怒 夢中得而覺猶覓 是不知虛幻而惟認爲眞也 所謂得失喜怒 原非性中本有 則其虛實 都是幻相 惟大人知皆虛幻 故寤中得失喜怒亦不認眞

原非性中本有(원비성중본유) : 희로喜怒·득실은 원래 성性 가운데에 본래 있는 것이 아니다. 성이라 함은 이理와 같은 것이니 하늘에 있는 것을 이理, 사람에게 있는 것을 성이라고 하는데, 항구불변의 본질을 의미한다. 그러한 본질에는 본래부터 희로·득실이 존재하지 않는다는 말이다.

大人(대인) : ① 대덕大德한 사람. 뛰어난 인물. ② 불가佛家의 용어로 전륜왕轉輪王을 일컫는 말인데, 이제는 널리 불보살佛菩薩을 일컫는 말로 쓴다.

성性이라고 하는 것은 이理와 같은 것이니, 하늘에 있는 것을 이라고 하고 사람에게 있는 것을 성이라고 한다. 그것은 항구불변恒久不變의 본체本體를 의미하는 것으로, 우주의 본질이며 인간의 천성이다. 거기에는 원래부터 얻는 것, 잃는 것, 기뻐하는 것, 성내는 것이 본유本有하지 않다. 그러므로 사람들이 이 세상에서 얻었다느니 잃었다느니, 또는 성내고 기뻐하고 하는 모든 것은 다 본질이 아닌 것이다. 본질이 아닌 것은 항구불변의 것이 아니다. 결국 한낱 헛된 환상幻像일 뿐이라는 것이다. 그러나 사람들이, 그것이 환상임을 모르는 것은 마치 어린애가 꿈속에서 무엇을 얻으면 깨어서도 그것을 찾고, 꿈속에서 성을 내면 깬 뒤에도 계속 성내는 것과 같이, 그것이 꿈이란 것을 알지 못하기 때문에 그러는 것과 같다는 것이다. 오직 불보살이나 뛰어난 사람만이 세상의 모든 희로·득실이 하나같이 환상인 것을 알고, 그것을 '참'으로 인정하지 않는다는 것이다.

   불가佛家에서는, "나는 것은 한 조각 뜬구름이 일어나는 것 같고, 죽는다는 것은 한 조각 뜬구름의 사라짐과 같다(生也一片浮雲起死也一片浮雲沒)." 하여, 인생 그 자체를 참으로 인정하지 않는다. 그러니 그러한 인생의 희로·득실을 '참'으로 인정하지는 않을 것이다.

      우수수 잎 지는 소리
      성긴 빗소린가 하여
      중 불러 문밖에 나가 보랬더니
      달이 냇가 나뭇가지에 걸려 있다고 이르네.
      簫簫落木聲 錯認爲踈雨
      呼僧出門看 月掛溪南樹

잠견 蠶繭

누에는 고치를 다 짓고 나면 몸이 번데기로 변하고, 외〔苽〕는 열매가 겨우 익으면 꼭지가 떨어진다.

공功을 이룬 뒤에는 몸이 물러가는 것이 사물의 이치이다.

선진先進이 예제禮制를 만들어 놓으면 후세後世에서는 그것을 따라 시행하고, 부형父兄이 사업을 처음으로 일으켜 놓으면 자손이 향유하여 사용하는 것이다.

진시황秦始皇이 만리장성萬里長城을 쌓고 수양제隋煬帝가 운하運河를 파 놓은 것이 후인後人에게 이利되지 아님이 아니나, 자기 자신들은 악명惡名을 얻고 죄와 재앙을 쌓게 되었을 뿐이다. 가령 그 두 임금으로 하여금 그것이 나를 위한 것이 되지 않는다는 것을 일찍이 알게 하였다면, 마땅히 천리天理를 따르고 인정에 순응하여 복덕福德을 쌓아서 자손에게 남겨 주었을 것이다.

비유한다면, 꿈속에서 개척한 것이 깨고 나면 헛된 것으로 돌아감과 같은 것이다. 지혜 있는 이는 다 허위虛僞인 줄 알기 때문에 의義로써 일에 대처하고 자비심으로써 남에게 응대應待한다.

蠶繭旣成而身化 苽菓纔熟而蔕落 功成身退 物之理也 先進制體 後世循蹈 父兄刱業子孫享用 秦皇築城 隋煬鑿河 非不爲後人利 而自己得惡名 積罪殃 假使二君早知其不爲我有 惟當循天理順人情 積福德遺子孫 譬如夢中開拓 覺則歸虛 智者知皆虛僞 故處事以義 應物以慈

蠶繭(잠견) : 누에고치.

身化(신화) : 몸이 변화함. 여기에서는 누에가 번데기로 변하는 것을 가리킨 말.

苽菓(과과) : 외열매. 외.

蔕落(체락) : 蔕(체)는 蒂(체)와 같으니 꼭지라는 말. 외는 열매가 익으면 꼭지가 떨어진다고 한다.

物之理(물지리) : 사물事物의 이치.

先進(선진) : 선배先輩. 전대前代의 먼저 깨달은 사람. 선각자先覺者.

秦皇築城(진황축성) : 진秦나라의 시황제始皇帝가 천하를 통일

한 뒤에 흉노凶奴의 침입을 방지하기 위하여 만리장성萬里長城을 쌓았다고 한다.

隋煬鑿河(수양착하) : 수隋나라의 양제煬帝가 토목土木을 일으켜 운하運河 · 한구邗溝 · 통제거通濟渠 · 영제거永濟渠 등을 팠다고 한다.

處事以義(처사이의) : 義(의)는 마땅히 지켜야 할 바른 도리를 말함이니, 바른 도리로 일을 처리한다는 말.

세상의 모든 일은 애써 공功을 이루어 놓은 자가 그 결과를 향유하는 일은 드물다. 공을 이루고는 가 버리는 것이 상례常例다. 그것은 사람의 일만이 그러한 것은 아니다.

누에가 고치를 다 지으면 몸은 번데기로 변한다. 참외는 열매가 익으면 꼭지가 떨어지는 법이다. 그렇기에 선배들이 문화를 이루어 놓으면 후세 사람들이 그것을 누리게 되고, 조상이 사업을 성취하여 놓으면 자손들이 향유享有하게 되는 것이다.

이러한 법칙을 깨닫지 못하고 자기가 이루어 놓은 공에 집착하여 차마 떠나지 못하는 사람은 옛날부터 화를 면치 못하는 경우가 많다.

이에, "하늘 높이 나는 새가 없어지면 좋은 활은 치워 버리는 것이고, 깜찍한 토끼를 잡고 나면 사냥개는 삶는다(高鳥盡 良弓藏

狡兎死走狗烹)."라는 말이 있다.

거기에도 인과因果의 작용은 예외가 없다. 진시황은 오랑캐의 침입을 막기 위하여 천하의 백성들을 혹사하여 무리하게 만리장성을 쌓았으며, 수양제는 운하를 파는 등 무리한 토목 공사를 일으켜 백성들을 괴롭혔기 때문에 모두가 악명을 얻고 죄와 재앙을 입어, 그 해 놓은 일이 자기나 자기 자손에게 도움이 되지 않았을 뿐 아니라, 멸망이라는 업보를 받았다.

사람이 세상에서 하는 일이란, 마치 꿈속에서 개척해 놓은 일이 꿈을 깨면 아무것도 아닌 것과 같은 것이다. 그렇기에 지혜로운 사람은 이 세상에서 살아가는 동안 마땅한 도리로써 일을 처리하고 자비심으로써 남에게 수응酬應한다는 것이다.

노자老子도 무리하고 부자연스러운 일을 하지 말라고 이렇게 경계하였다.

"회오리바람은 한 아침을 끝까지 불지 못하고, 소나기는 온종일 오는 법이 없다. (中略) 천지도 오히려 그러한 무리한 일은 오래 하지 못한다. 하물며 사람에게 있어서랴(飄風不終朝 驟雨不終日 (中略) 天地尙不能久 而況於人乎)."

사람은 마땅히 지켜야 할 도리를 지키면서 자비심으로 남을 대하라는 것이다.

이런 옛 시가 있다.

화禍의 뿌리 제 집안에 있음을 알지 못하고

헛되게 만리장성 쌓아서 오랑캐 막으려 하였네.

不知禍在蕭墻內 虛築防胡萬里城

취산 聚散

꿈속에서 혼인하는 꿈을 꾸어 새로운 정이 아직 흡족하지 못하였을 때에 날이 이미 새게 되면 꿈속의 광경은 무너지고 만다.

세상 사람들이, 집안에는 아내가 있고 슬하에는 자녀가 있다. 그러나 그들이 자기와 함께 장구한 세월을 같이 지낼 자가 몇 사람이나 될 수 있겠는가.

병들어 누워서 목숨이 가냘픈 실처럼 위태롭게 되면 젊은 아내와 어린 자식이 둘러앉아 눈물을 흘리며 운다. 서로 만난 것이 얼마 되지 않았으며, 자식의 양육이 아직 이루어지지 않았으니, 산 사람의 심정은 칼로 베는 것처럼 아프고, 가는 사람의 마음은 절망에 잠긴다. 드디어 한 가닥의 숨이 끊어지면 혼령魂靈은 육신이라는 껍질을 떠나가기가 마치 고치를 뚫고 나가는 나방과 같다.

경계境界가 변하고 바뀌면 꿈에서 깬 눈과 같아서 비로소 인연因緣과 모이고 흩어지는 것이 전부 꿈이며 환상이라는 것을 알게 된다. 다시 무엇을 근심하겠는가.

夢中婚媾 新情未洽 東方旣白 夢境已壞 世人室內有妻 膝下有子 與我同長久者 能幾人 病臥枕上 命如懸絲 少妻穉子 環繞涕泣 邂逅無幾 養育未成 生者之情如割 逝者之意缺然 乃至一息不續 魂靈離殼 如出繭之蛾 境界變易 似醒夢之眼 始知因緣聚散 悉如夢幻 復何憂焉

聚散(취산) : 모이고 흩어짐.

婚媾(혼구) : 결혼. 혼인함.

膝下(슬하) : 무릎 아래. 부모가 자식을 무릎에 안고 사랑한다는 뜻에서 나온 말이니, 부모의 따뜻한 사랑 밑이라는 뜻.

命如懸絲(명여현사) : 목숨이 가냘픈 실에 달아 놓은 것처럼 위태하다는 말.

邂逅無幾(해후무기) : 邂逅(해후)는 우연히 서로 만나는 것. 여기에서는 남편과 아내가 서로 만난 것이 얼마 안 된다는 뜻.

情如割(정여할) : 심정이 칼로 베는 것처럼 아픔.

缺然(결연) : 절망하는 모양.

一息(일식) : 한 가닥의 숨. 호흡.

因緣聚散(인연취산) : 여기서는 남편과 아내, 부모와 자식의 인연과, 모이고 흩어지는 일을 가리킨 말.

　인생에 있어서 사람들이 가장 못내 아쉬워하는 것이 부부夫婦와 자녀子女에 대한 애정인 것이다.
　살아 있는 동안, 아니 죽는 순간까지 그렇게 아쉬워하고 간절하던 은정恩情도 숨을 거두고 나면, 잠 깨고 난 눈에 꿈속의 일이 아무것도 아니라는 것을 알게 되는 것처럼, 살았을 때의 인연이라든가 취산이라든가 하는 것이 다 한 조각의 꿈이며 환상과 같은 것이다.
　그러니 인생의 일을 무얼 그렇게 근심하고 아쉬워할 것이 있겠느냐는 것이다.
　다음 시에서 보인 것과 같이 불교적인 인생관이라 하겠다.

　　　사람의 몸이 잠깐 사이에 다함을 안다면
　　　온갖 진세의 인연 저절로 그치고
　　　깨달아 무심의 경지에 든다면
　　　두둥실 보름달 같은 마음 홀로 휘영청 밝으리라.
　　　看破有盡身軀 萬境之塵緣自息.
　　　悟入無懷境界 一輪之心月獨明

명실 名實

 귀중한 보물을 얻은 사람은, 남몰래 간직하여 자취를 숨기면서 오직 남이 알까 두려워한다. 그것은, 보물 얻는 것은 실지로 얻는 것이고 이름을 얻는 것은 헛된 것이라고 생각하기 때문이다.

 실물의 보물을 얻으면 헛된 이름을 저어하니, 그 이름이란 것은 복福에 보탬됨이 없고 화禍를 부르기에 넉넉하다는 것을 알 수 있다. 실지 있는 이름에도 또한 현혹되어서는 안 되는 것이니, 무실無實한 이름이란 화禍가 아니고 무엇이겠는가.

 가령 꿈에 삼공三公의 벼슬을 얻었더라도 깬 뒤의 한 잔 술만 못한 것이다. 실지 있는 일은 비록 작더라도 소중한 것이다. 빈 이름은 비록 크더라도 천한 것이기 때문이다.

 獲重寶者 秘藏韜迹 惟恐人知 是得寶爲實 得名爲虛 得實物而恐虛名 則可知其名無補於福 而足以召禍 有實之名且不可

眩 無實之名不禍而何 假使夢得三公位 不如寤後一杯酒 以其實事雖小可貴 虛名雖大爲賤

名實(명실) : 이름과 실지.
秘藏韜迹(비장도적) : 남모르게 간직하여 자취를 숨김.
不可眩(불가현) : 현혹眩惑되어서는 안 됨.
三公(삼공) : 삼정승, 즉 영의정領議政 · 좌의정 · 우의정이니 가장 높은 벼슬.

헛된 이름을 탐내지 말라고 경계한 것이다. 꿈속에서 삼공의 벼슬을 얻는 것이 깨어서의 한 잔 술만 못하다고 하였다. 꿈속의 삼공이란 환상이고 실재實在한 것이 아니기 때문이다.
  인새의 지위니 명망이니 하는 것은 다 꿈과 같은 것이니 탐내지 말라는 뜻을 시사示唆한 것이다.
  옛 시에 이런 것이 있다.

귀거래歸去來 귀거래한들 물러간 이 긔 누구뇨.
공명이 부운浮雲인 줄 사람마다 알건마는
세상에 꿈 깬 이 없으니 그를 설워하노라.

나로 하여금 죽은 뒤 이름 있게 하는 것이

당장의 한 잔 술만 같지 못하네.

使我得有身後名 不如卽時一杯酒

퇴은 退隱

　명위名位라는 것은 나의 고유한 것이 아니고, 관작官爵이란 것은 나의 사사로운 물건이 아니다. 이름을 정하고 벼슬을 마련하여 재덕才德 있는 이를 임용하여 나라의 정령正令을 시행하는 것이니, 공을 이루면 물러가고 이름을 성취하면 숨는 것은 하늘의 법칙이 운행하는 순서이다. 혹시나 머뭇거리고 머물러 있으면 재해災害가 따라오게 마련인 것이다.

　그러므로 과거는 어젯밤의 꿈과 같고 현재는 붕희棚戲와 같은 것이다. 어리석은 자는 공을 자랑하고 총애寵愛를 고수하여, '높이 나는 새를 다 잡으면 활을 치워 버린다.'는 경계를 생각지 않다가 곧, '깜찍한 토끼를 잡고 나면 사냥개를 삶아 버리는' 화를 만나게 된다. 후회한들 어찌할 수 있겠는가.

　　　名位者非我固有 官爵者非我私物 立名設位 責任才德 以行政

令 功成則退 名遂則隱 天之序也 如或逗留 災害隨至 是高過去如昨夢 現在如棚戲 愚者矜功固寵 不思弓藏之誡 旋遭狗烹之禍 悔之何及

退隱(퇴은) : 물러가 숨음.

名位(명위) : 벼슬의 명칭과 지위.

固有(고유) : 본래부터 있는 것.

官爵(관작) : 벼슬.

立名設位(입명설위) : 벼슬의 명칭을 정하고 지위를 마련함.

資任才德(자임재덕) : 資(자)는 取(취)와 같은 뜻이니, 재주 있고 덕망 있는 사람을 골라 쓴다는 말.

天之序(천지서) : 하늘의 순서, 즉 하늘의 법칙이 운행되는 순서. 온갖 꽃과 풀을 피게 한 다음 봄은 가고 여름이 오며, 만물을 왕성하게 만들고 여름은 간다. 여름이 가고 가을이 오고, 가을이 가면 겨울이 오는 것이 사계절이 차례로 오고 물러가는 순서라는 뜻.

逗留(두류) : 머뭇거리고 있음.

棚戲(붕희) : 뜻 미상임. 아마 높은 곳에 가로 걸쳐 놓은 붕교棚橋 위에서 유희하는 것처럼 위험하다는 뜻인 듯하나 망단妄斷할 수 없음.

矜功固寵(긍공고총) : 공을 자랑하고 은총恩寵을 자신에게 고정시키려고 함.

弓藏之誡(궁장지계) : 높이 나는 새가 다 없어지면 좋은 활을 치워 버린다(高鳥盡 良弓藏)는 옛말이 있다. 공을 이룬 뒤에는 공을 이룬 사람은 소용이 없다는 뜻으로, 공을 이루고 물러가라는 경계警誡.

狗烹之禍(구팽지화) : 깜찍한 토끼를 잡은 뒤에는 사냥개를 삶아 버린다(狡兎死 走狗烹)는 말이 있다. 공을 이룬 뒤에 물러가지 않고 있다가 죽임을 당한다는 말.

  세상의 벼슬이니 지위니 하는 것은 어떤 특정인特定人의 고유한 것이 아니다. 나라에서 벼슬의 명칭을 정하고 벼슬의 지위를 마련하여, 재능이 있고 덕망이 있는 자를 골라 뽑아서 나라의 정령政令을 실지로 시행하게 하는 것이다. 그러니 어떤 사람이 벼슬과 지위를 얻으면 심신을 바쳐 직무에 충실해야 할 의무가 있고, 자기의 맡은 일을 잘 수행하여 공을 이루었으면 그것으로 자신의 임무는 끝나는 것이다. 나라의 벼슬이 개인의 영광과 부귀를 누리게 하기 위하여 존재하는 것은 아니니, 공을 이룬 사람은 마땅히 미련 없이 지위와 권좌에서 물러나야 할 것이다.

  그것은 세상만사의 되어 가는 법칙이기도 하다. 그것은 또 바로 천시天時가 운행運行하는 법칙이며 순서인 것이다. 봄이 가면 여름이 오고, 여름이 가면 가을이, 가을이 가면 겨울이 온다. 거기에는 미련도 애착도 주저도 방황도 없다.

사람이 만일 이와 같은 하늘의 법칙에 순종하지 않고 권력과 지위에 집착하여 머뭇거리며 붙잡고 늘어진다면 화를 면치 못하게 된다는 것이다. 옛날부터 큰 공을 이룬 장군이나 재상이 용단勇斷을 내어 물러가지 않고 머뭇거리다가 마침내 화를 당한 사례는 얼마든지 있다. 그것은 속물俗物의 어리석은 행동이다. 화를 당하고 나서 후회하여도 이미 때는 늦다는 것이다.

그러하기에 옛날부터, 벼슬은 잘하기가 어렵지만 잘 물러나기는 더욱 어렵다고 한다. 여기 유명한 을지문덕의 시를 옮겨 본다.

> 신통한 꾀는 천문을 까뒤집고
>
> 지리까지 우벼 패어
>
> 갖은 꾀 다 낸 줄을 대강 짐작하거니와
>
> 싸움을 이겨 공이 이미 높았거니
>
> 만족함을 알아 돌아 그만 가소서.
>
> 神策究天文 妙算窮地理
>
> 戰勝功旣高 知足願云止

무휼 無恤

어떤 사람이 말하기를, "처자妻子를 사랑하고 재물을 좋아하는 것은 사람의 상정常情으로 간절한 것이다. 늙고 병들어서 죽음에 임박한 사람도 아직 정신이 있는 동안은 슬프게 촉탁을 한다. 그러나 한 가닥의 숨이 끊어지면 적막하게 자취가 없다. 죽어서 만약 아는 것이 있다면 응당 꿈에 나타나서 미리 화복禍福을 일러 주는 일이 많을 것이다. 그런데 전연 아무것도 들려주는 일이 없다. 일찍이 삶과 죽음에 다름이 있어서 그러한가, 아니면 아주 사라져서 있는 것이 없기 때문인가."라고 하였다.

나는 말한다. "꿈속에서도 또한 처자를 사랑하고, 재물을 좋아하는 일이 있다. 그러나 깨어 보면 돌아볼 것이 없다. 살아 있다는 것은 죽은 사람의 꿈이다. 다시 무슨 연모戀慕하는 마음이 있겠는가."

或曰愛妻子好貨財 常情所切 老病濱死者 分別無已 囑託怛怛 一縷氣絶 寥然無迹 死若有知 多應托夢 預諭禍福 而絶無所聞 豈生死有異歟 抑泯然無存歟 日夢中亦能愛妻子好貨財 覺則無恤焉 生爲死者之夢 復何眷戀之有

無恤(무휼) : 돌아볼 것이 없음.
常情(상정) : 사람의 보통 마음. 보통 사람의 심정.
濱死(빈사) : 죽음에 임박함.
分別無已(분별무이) : 의식意識이 남아 있음. 정신이 아직 있음.
囑託(촉탁) : 부탁하여 맡김.
怛怛(도달) : 슬퍼하는 모양.
寥然無迹(요연무적) : 아주 적막하여 자취가 없음.
豈(기) : 여기에서는 발어사發語辭로 쓰고 있다. 일찍이.
泯然無存(민연무존) : 泯然(민연)은 사라진 모양이니, 사라지고 아무것도 존재하지 않음.
眷戀(권련) : 연모戀慕. 사랑하고 그리워함.

사람은 몹시도 아내와 자식을 사랑하고 재물을 좋아한다. 늙고 병들어 금방 죽게 되었을 때에도 의식이 남아 있는 동안은 부탁하고 슬퍼한다. 만약 죽어서도 아는 것이 있고 죽음과 삶이 서로 연결되는 것이라면, 사람은 죽은 뒤에도 꿈속에 나타나서 화복禍福을 미리 일러 주곤 할 것이나 그렇지가 않다.

그것은 인생의 모든 일은 한낱 꿈이기 때문이라고 한다. 마치 우리가 살았을 때에, 꿈속에서도 아내를 사랑하고 자식을 귀여워하며 재물을 좋아하는 일이 있으나, 꿈을 깨면 그것은 다시 돌아볼 만한 것이 없는 것과 같이, 인생이라는 꿈을 벗어난 죽음에서 본다면 인생에서의 사랑이니 아쉬움이니 하는 것이 다 빈 것이 되기 때문이다.

영원히 변하지 않는 것을 이理니 도道니 하여 그것만이 우주의 본체이며 참이라고 한다. 꿈꿀 때와 깬 때가 다르고 살았을 때와 죽은 뒤가 다르다면, 그것은 참이 아닌 한낱 환상일 뿐이라는 것이다. 여기 시 한 수를 옮긴다.

부생이란 뜬구름, 머물러 안착할 곳 없음을 이제야 알았노라.
갑자기 내 마음 돌아가 임께 의지하고지고.
始覺浮生無住着 頓令心地欲歸依

탁숙 托宿

세상의 학자學者들은 분별分別하는 것으로써 지혜라고 하고, 옳고 그른 것을 따지는 것으로써 의리義理라고 하여 몸이 마치도록 무진 애들을 쓴다. 그러나 한 가지도 투철하게 알아내는 것이 없다.

그들은 시비是非의 분별이라는 것이 학문하는 도상途上에서 잠깐 한 번 탁숙托宿하는 곳일 뿐, 참으로 머물러 그치는 곳이 아니라는 것을 전연 알지 못한다.

무엇으로 그것을 증명하는가.

꿈속에서 어떤 사물의 사리를 생각하여 옳고 그름을 분별하는 것이 조리條理가 정연한 경우가 있다. 그러나 그 꿈을 깨고 나면 그 분별分別은 쓸모가 없다.

바둑판 위의 옳고 그른 것은 분명하게 근거가 있다. 그러나 대국對局을 걷어치우고 나면 옳고 그른 것은 저절로 그친다.

世之學者 以分別爲智慧 以是非爲義理 劬劬終身 無一透出者 殊不知 是乃學問上 暫一托宿之所 非眞休歇之地 何以明之 夢中分別 井井有條 旣覺其夢 則分別無所用矣 局上是非 歷歷有據 旣撥其局 則是非自然息矣

托宿(탁숙) : 잠시 의탁하여 유숙留宿함.

分別(분별) : 사리事理를 생각하고 헤아려서 분변分辨함. 사물의 옳고 그른 이치를 구별하여 가려냄.

義理(의리) : 사람이 마땅히 지켜야 할 바른 도리.

劬劬終身(구구종신) : 劬劬(구구)는 매우 애써 노력하는 모양이니, 죽을 때까지 무진 애를 쓴다는 말.

透出(투출) : 투철透徹하게 알아냄.

殊不知(수부지) : 도무지 알지 못함. 전연 알지 못함.

休歇(휴헐) : 머물러 있는 곳. 그곳에서 아주 영구히 머무르는 것.

井井有條(정정유조) : 井井(정정)은 조리가 정연整然한 모양. 그러니 정연하게 조리가 바름의 뜻.

旣撥其局(기철기국) : 이미 그 대국對局을 걷어치움.

이 장은 세상 사람들의 학문하는 태도를 못마땅하게 여기는 말이다.

세상의 학자라는 사람들은 사물의 이치를 생각하고 헤아려서 옳고 그른 것을 따지는 일을 가지고, 그것이 바로 지혜이며 사람이 마땅히 해야 할 도리로 여긴다. 그리하여 한평생을 무진 애를 쓰며 분별과 시비에 매달려 지낸다. 그러나 무엇 한 가지도 대오철저大悟徹底하게 알아내지 못한다.

도대체 힘써 사리를 분변하고 옳고 그른 것을 따진다는 것은, 학문하는 도상에 있어서 한 번 거쳐 가야 할 과정일 뿐이지 그것이 바로 학문의 목적은 아니다. 그것은 잠깐 쉬어 가는 곳일 뿐이지 학문의 종착역일 수는 없는 것이다. 그러나 그들은 그것을 모르고 있다. 그러한, 과정에 불과한 것에 매달려 일생을 노심초사하는 것은 쓸데없는 일이라는 것이다.

그것을 이렇게 생각하면 알 수 있다. 즉 꿈속에서 어떤 사물의 이치를 분별하는데, 논리論理의 조리가 아주 곧고 발라서 이론異論의 여지가 없는 경우가 있었다. 그러나 꿈을 깨고 나면 그 분별이란 것이 아무 쓸모가 없는 것과 같다. 또한 바둑판을 벌였을 때에도 옳으니 그르니 하는 것들은 다 분명하게 근거가 있다. 그러나 바둑판을 걷어치우고 나면 옳으니 그르니 하는 것은 저절로 백지화되는 것이다. 인생에서 분별이니 시비니 하는 것은 결국 인생이란 꿈을 깨면, 또 세상사世上事라는 판국 밖에서 본다면 아무 쓸모도 거론擧論할 흥미도 없는 것이다. 결국 사람은 진실로 깨닫는 경지境地에 도달해야 한다는 것이다.

　이런 옛 시가 있다.

> 일만 가지 세상일 무심히 웃어넘기고
> 봄비 내리는 초당草堂에 사립문 달았노라.
> 밉구나 발 밖의 새로 온 제비야
> 한가한 나를 향해 시비를 말하자는 거냐.
> 萬事悠悠一笑揮 草堂春雨掩松扉
> 生增簾外新歸燕 似向閑人設是非

오공 悟空

내전內典에 이렇게 말하였다. 처음으로 정각正覺을 이루면 산하山河와 대지大地가 일시에 녹아 떨어진다고.

  비유한다면, 꿈속에서도 또한 산이 있고 강하江河가 있고 사람이 있고 만물이 있어서, 지나치게 애착愛着하고 연모戀慕하게 함이 완연히 실재實在와 같다. 그러나 홀연히 잠을 깨면 즉시 그런 것은 사라져 없어진다. 지나치게 애착하고 연모하는 생각도 이미 마음의 공空이며, 산하山河와 인물人物의 형상도 또한 눈의 공空일 뿐인 것과 같은 것이다.

  꿈을 벗어난 깨달음도 또한 그러하니 더군다나 세상을 벗어난 정각正覺이겠는가.

―――

    內典云 始成正覺 山河大地 一時銷隕 譬如夢中 亦有山河人物 耽着繫戀 宛然爲實 忽然醒覺 卽時銷隕 耽着繫戀之想 已

空於心 山河人物之像 亦空於眼 出夢之覺且然 況出世正覺哉

悟空(오공) : 공空은 깨달음. 빈 것. 실재가 아님을 깨닫는 것. 불교에서 말하는 공空의 종류는 매우 많으나, 크게 아공我空과 법공法空으로 나눌 수 있다. 자아自我를 실재實在라고 인정하는 미집迷執을 부정하는 것이 아공我空이고, 나와 세계를 구성하는 요소에 대하여 항상 있는 것이라고 인정하는 미집을 부정하는 것을 법공法空이라 한다.

內典(내전) : 불교의 경전經典, 즉 불교 이외의 서적을 불가佛家에서 외전外典이라고 일컫는 데 대한 말.

正覺(정각) : 불가佛家의 용어로, ① 바른 깨달음. 망혹妄惑을 끊고 불과佛果를 성취하는 것. ② 부처의 열 가지 칭호 중의 하나. 부처는 무루정지無漏正智를 얻어 만유萬有의 실상實相을 깨달았으므로 정각이라고 한다. 등정각登正覺의 준말이다. 부처는, "가장 정각을 스스로 얻어 일체법一切法 · 일체지一切智에 물들지 않는다(最正覺自得 不染一切法一切智)." 라고 하였다.

銷隕(소운) : 녹아 떨어짐. 무너짐. 사라짐.

耽着(탐착) : 지나치게 애착함. 깊이 미혹하여 사랑함.

繫戀(계련) : 연모하는 마음에 얽매임. 대담히 연모함.

出夢之覺(출몽지각) : 꿈을 벗어난 깨달음. 꿈을 깸.

정각正覺을 얻어 부처의 경지에 들어가면 이 세상을 구성하고 있는 산하도 온 땅덩어리도 한꺼번에 무너져 버린다는 것이니, 즉 정각도 눈에는 이 세상의 모든 것, 고락苦樂도 애증愛憎도 강도 산도 온 땅덩어리까지도 일체一切가 공空으로 보인다는 것이다.

불가에서는 이 세상과 인생의 모든 것을 실재實在로 인정하지 않는다. 인간은 삼세육도三世六道를 윤회輪廻하는 것으로서, 이 세상의 인생이란 것은 그 윤회 과정 중의 하나일 뿐이라고 말하고 있다. 그러한 눈으로 보면, 인생의 울고 웃고 허덕이고 헤매는 것이 가련하게, 또 가소롭게도 보일 것이다. 그것은 마치 꿈속에서 세상을 구성하던 산하와 인물과 애증愛憎과 고락苦樂이 꿈을 깨면 일시에 소멸하는 것과 같은 것이라고 비유하고 있다.

이런 사상은 사람들에게 크게 두 가지로 영향을 끼친다고 말할 수 있겠다.

첫째 인생이란 이렇게 허무한 것이니, 부귀니 영화니 애욕愛慾이니 명예니 하는 것에 집착하여 부정하고 불의不義한 일을 자행하며, 가면을 꾸미고 거짓을 일삼아 남에게 해를 끼치고, 고통을 주고 상처를 입히고 슬픔을 주는 일로 세상에 해독을 뿌리는 일을 해서는 안 되겠다는 것이다. 그러므로 살아가는 동안 바르고 착하게 살아야 하겠다고 반성하고 깨닫는 일이 있을 것이다. 어쩌면 불교는 이러한 권선징악의 의미를 그 교리教理 속에 지니고 출발하였을지도 모른다.

  또 다른 면에서는, 인생이란 일장춘몽一場春夢이니 이런들 어떠하며 저런들 어떠하랴, 무엇을 애써 노력하고 악착같이 일할 것이 있겠느냐는 허무감에서 '노세, 젊어서 노세' 식으로 퇴폐에 흐를 수도 있고, 아주 초연超然한 체, 크게 깨달은 체하면서 부지런히 살기를 도피하여 우리 동양인, 특히 과거 우리 나라 사람들이 근로를 회피하면서 자신의 나태懶怠를 안빈낙도安貧樂道라는 말로 카무플라주한 폐단이 없지 않았을까 하는 점이다. 앞에서도 이 점 강조하였지만, 이 기회에 우리는 다시 한 번 깊이 생각하고 넘어가야 할 문제라고 믿는다.

  여기 옛 시 한 수를 옮긴다.

> 만국도성은 개미둑 같고
> 일천집 호걸들은 벌레 같구나.
> 창 가득 달은 밝은데 서늘한 빈 베개 높이 베고 누웠으니
> 한없는 솔바람소리도 높고 낮고.
> 萬國都城如蟻垤 千家豪傑若醯鷄
> 一窓明月淸虛枕 無限松風韻不齊

융만 戎蠻

융적戎狄에서 난 자는 좋아하는 것이 융적의 풍습 아닌 것이 없고, 만이蠻夷에서 출산出產된 자는 익힌 것이 죄다 만이의 풍속이다.

남만南蠻의 여자가 서융西戎에 시집을 가서 뜻이 옮겨지고 생태에 물들게 되면 정식情識을 변할 수 있을 것이지만, 서융西戎 사람이 남만南蠻에 가더라도 진작부터 지니고 있는 습성이 오히려 남아 있다면 마침내 고치기가 어려운 것이다.

꿈속에서 보는 것이 깰 때와 같지 않으며, 정식이 변환變幻하는 상태는 아침에서 저녁까지를 보장하기 어려운 것이지만, 꿈속에서 하는 행동은 깰 때와 다름이 없는 것이니, 버릇의 훈도薰陶되고 감염됨은 살고 죽는 사이에도 오히려 존속하는 것이다.

그러므로 배우는 사람은 아는 것을 변전變轉하여 지혜를 얻고, 습관을 고쳐서 덕을 이루는 것이 소중하다. 소위 교화敎化라고 하는 것은 장차 가르쳐서 변화하게 하려는 것이다. 적어도 변화하는 것이 없다면 가르친다는 것이 무엇이 귀중하다고 하겠는가.

生於戎狄者 所好無非戎狄之風 産於蠻夷者 所習盡是蠻夷之俗 蠻女嫁戎 而意移態染 則情識可變戎人適蠻 而夙性猶存 則習難卒革 夢中所見 不同寤時 識之幻化 朝夕難保 夢中所行 無異寤時 習之薰染 生死猶存 故學者貴乎轉識爲智 革習成德 所謂敎化者 將欲敎而化之 苟無所化 敎何足貴

戎蠻(융만) : 오랑캐. 서쪽 오랑캐를 戎(융)이라 하고, 남쪽 오랑캐를 蠻(만)이라고 한다.

戎狄(융적) : 북쪽 오랑캐를 狄(적)이라고 하니 융戎과 적狄, 즉 서쪽 오랑캐와 북쪽 오랑캐를 말함.

蠻夷(만이) : 남만南蠻과 동이東夷. 다 오랑캐의 칭호.

意移態染(의이태염) : 뜻이 옮기어 자진해서 해 보겠다는 의사가 생기고 그곳 생태에 감염되는 것.

情識(정식) : 감정과 지식.

夙成(숙성) : 일찍부터 지니고 있는 습성習性.

識之幻化(식지환화) : 알고 있는 것이 변환變幻함. 지금까지의 식견識見이 환상幻像처럼 변함.

薰染(훈염) : 훈도薰陶되고 감염感染됨.

轉識爲智(전식위지) : 지금까지의 지식을 전환轉換하여 새로운 지혜를 얻음.

革習成德(혁습성덕) : 지금까지의 좋지 못한 습관을 고치어 덕을 이룸.

敎化(교화) : 가르쳐서 화化하게 함. '화한다는 것은, 가르침〔敎〕이 위에 이루어지면 아래에서 습속을 바꾸는 것을 일컫는 말이다(敎成於上 而易俗於下 謂之化).'

사람의 습속習俗이란 쉽사리 고쳐지는 것이 아니다. 그렇기에 습관은 제이第二의 천성天性이란 말이 있다.

교화敎化라는 것은, 위에서 잘 가르치면 아래에서 그 가르침에 감화되어 지금까지의 나쁜 습속을 개혁하게 되는 것을 말한다. 가르쳐도 습속의 변화를 가져오지 못한다면 그런 가르침은 귀중한 것이라고 말할 수 없다. 교敎만 있고 화化가 없기 때문이다. 가르치는 목적은 화化를 가져오는 데 있다. 그러므로 화를 가져오지 못하는 교敎는 의미가 없다. 화를 이루어야 소중하다는 것이다.

여기 격언格言 하나를 적어 본다.

쑥[蓬]이 삼[麻] 사이에 나면

붙들지 않아도 저절로 곧게 되고

흰 모래가 진흙에 있으면

더불어 다 검게 된다.

蓬生麻中 不扶自直

白沙在泥 與之皆黑

우취 愚醉

세상의 총명한 사람들은, 어리석거나 술을 즐기는 사람을 보면 문득 말하기를, "아까운 일이다. 취한 것처럼 살다가 꿈꾸듯이 죽어서 사람의 한평생을 헛되게 보내는구나."라고 한다. 그들은 스스로 자신은 어떠한가를 전연 알지 못한다. 그들이 능히 재물과 여색女色과 명기明氣와 부귀와 문예文藝에 취하지 않았는가.

　마음은 본래 청정淸淨하여 거기에는 일물一物도 존재하지 않는 것이다. 혹시나 다소多少의 세법世法이 생각 속에 머물러 있어서 그의 본체本體로 하여금 자재自在할 수 없게 하는 자는 다 취류醉流인 것이다.

　저 어리석고 취한 자는 별다른 사상이나 큰 죄과는 없다. 그러나 총명하고 일을 좋아하는 자는 번뇌가 그 천성을 해치고 천착穿鑿이 그 진실眞實을 잃게 한다. 도리어 어리석고 술에 취하여 일생을 허송하는 것만 못하다.

아! 총명하고 재혜才慧한 사람들은 크게 반성反省하지 않을 수 있겠는가.

世之聰明者 見愚且嗜酒者 輒曰可惜 醉生夢死 虛度一世 殊不如知自量何如 其能不醉於財色名氣富貴文藝歟 心本淸淨 不存一物 或有多少世法 留在思念中 使其本體 不得自在者 皆醉流也 彼愚醉者無別思想大罪愆矣 聰明而好事者 煩惱戕其性 穿鑿失其眞 寧不若愚醉而虛送一生 吁聰明才慧者 可不猛省

愚醉(우취) : 어리석음과 술 취한 것.
醉生夢死(취생몽사) : 술에 취한 것 같고 꿈을 꾸고 있는 것 같은 마음으로 살다 죽는 것. 아무것도 하지 않고 무자각하게 일생을 허송하는 것.
財色(재색) : 재물과 여색女色.
名氣(명기) : 명성名聲. 명예.
世法(세법) : 속세俗世의 습관.
自在(자재) : 마음대로, 생각대로 함. 속박이나 방해가 없음.
醉流(취류) : 술 취한 무리.

大罪愆(대죄건) : 큰 죄와 허물.

煩惱(번뇌) : 불가의 용어로서, 마음을 번거롭게 하고 몸을 괴롭히는 마음의 작용. 인세人世의 욕정欲情으로 일어나는 근심.

戕其性(장기성) : 그 본성本性을 해침. 본성을 상실하게 함.

穿鑿(천착) : 꼬치꼬치 캠. 학문의 이치를 따져 깊이 파고들어감.

猛省(맹성) : 엄중하게 반성反省함. 깊이 반성함.

세상의 총명하다고 스스로 생각하는 사람들은, 어리석고 항상 술에 취해 있는 사람을 보면, "저 사람, 세상에 아무 하는 일 없이 술에 취해 살다가 꿈꾸는 것처럼 죽어 가는 사람의 한 평생을 헛되게 보내니 아깝구나." 하고 탄식한다.

그러나 실은 그런 말을 하는 그 사람 자신이 바로 취해 살고 있다는 것을 전연 모르고 있는 것이다. 그들은 술보다도 더한 해독을 사람의 마음에 끼치는, 재물이니 여색이니 명예니 부귀니 글재주니 하는 것에 침취되고 있는 것이다. 사람의 본성이란 본래 맑고 깨끗한 것이어서, 아무런 물욕도 존재하지 않는 것이 그 본연의 모습이다. 그런데 세속적인 욕망들이 생각 속에 자리 잡고 있어서 그 본성을 구속하고 방해한다면, 그런 사람은 바로 취한 사람인 것이다. 취한다는 것은 제정신을 바로 가누지 못하는 혼미한 상태를 이르는 말이다.

이러한 사람들이야말로 더욱 가엾은 인생을 사는 사람들이다. 그들은 그 세속적인 욕망 때문에 온갖 번뇌에 싸여 그 본성을 장해戕害하고, 학문이나 사물의 이치를 지나치게 꼬치꼬치 파 들어가면서 제 나름의 견해와 해석을 붙이기 때문에, 도리어 학문이나 사물의 대체와 참뜻을 잃게 만든다. 그들은 그들 자신이 지녔다고 생각하는 총명이란 것 때문에 자신은 일생 동안 번뇌 속에 살아야 하고, 남에게는 학문이나 사물의 잘못된 해석을 전파하게 된다. 사람에게 지혜라는 것이 있기 때문에 도리어 자신을 괴롭게 만들고 세상에 해독을 끼친다고 보는 견해가 있다. 노자老子는, "썩 잘하는 재주를 없애고 지혜를 버리면 백성의 이利됨이 백 배로 늘어날 것이다(絶聖棄智民利百倍)."라고 하였다. 더군다나 지혜를 자기의 욕망을 위하여 구사驅使한다면 그 해독은, 지혜 없는 자가 세상에 아무런 비익裨益함이 없는 것보다 몇 배나 더할 것은 틀림없다. 옛날부터 세상에 커다란 죄과罪過를 남긴 사람치고 우둔한 사람은 드물다. 간지奸智, 교지巧智, 악의 지혜가 뛰어난 사람들이 많음을 역사에서 보아 왔다. 영리한 사람일수록 본성을 상실하는 사람이 많다는 것이다.

그러나 월창 거사도 총명이니 지혜니 하는 것을 전적으로 거부한 것은 아니다. "총명하고 재혜한 사람은 깊이 반성하라."고 결론지었다. 총명과 지혜를 나쁜 일에 쓰지 말고 바르고 착한 일에 바치도록 반성하라고 한 말로 받아들이고 싶다.

이런 옛 시가 있다.

사람들은 다 아들을 길러 총명하길 바라건만

나는 총명 때문에 일생을 그르쳤구나.

人皆養子望聰明 我被聰明誤一生

화조花鳥

 봄이 동산 숲에 드니 온갖 꽃들이 아름다움을 다투고 뭇 새들이 서로 어울려 노래한다. 보아서 사랑스럽고 들어서 싫지 않다. 그러나 그 아름다운 광경이 얼마나 가겠는가. 백 일을 지나지 않아서 공空을 이루고 만다.

 저 총명과 재주와 지혜가 무리에 뛰어나서 세상을 울리는 자가, 혹은 가슴속에 만권萬卷의 지식을 간직하고 이름은 한 지구地區를 진동하게 한다. 그러나 그 기개가 얼마나 오래가겠는가. 백 년이 지나지 않아서 꿈으로 변하고 만다. 이름은 꿈속에 드날리고 귀신은 지하에서 잠자게 되니 일생 동안 고심한 것이 무엇이 되겠는가. 장차 남을 위하여 바치려 하였는가? 그림자를 가져다 남에게 준들 무엇이 그들에게 유익하겠는가. 장차 자신의 몸을 위하려고 하였는가. 헛된 이름만 있고 실지가 없으니 무엇이 자신에게 보탬이 되겠는가. 자신을 위하려고 하여 정신을 소모하고, 남에게 전하려고 하여 도道를 손상하고 덕德을 잃는구나.

　아아! 차라리 꽃과 새가 소장消長에 무관無關한 것만 같지 못하구나.

　　春入園林 百花爭姸 羣鳥和鳴 見之可愛 聽之無厭 光景幾何 不過百日而成空 夫聰明才慧 超羣鳴世者 或胸藏萬卷 名震一區 氣槩幾何 不過百年而成夢 名揚於夢中 鬼眠於泉下 一生苦心者爲何 將欲爲人歟 把影與人 何益於人 將欲爲已歟 虛名沒實 何補於已 自爲則耗精損神 傳人則彫道喪德 噫 寧不若花鳥之無關於消長

　　花鳥(화조) : 꽃과 새.
　　和鳴(화명) : 새들이 소리를 합하여 울다.
　　氣槩(기개) : 씩씩한 기상. 굽히지 않는 강한 의기意氣.
　　把影與人(파영여인) : 그림자를 잡아서 남에게 주는 것처럼 아무런 실효가 없음.
　　虛名沒實(허명몰실) : 헛이름만 남고 실지는 없음. 유명무실.
　　彫道(조도) : 도道를 손상損傷하게 함.
　　消長(소장) : 영고성쇠榮枯盛衰.

총명하고 재주 있고 지혜 있음이 무리에 뛰어나고, 세상에 이름을 떨치는 사람이 있다. 그러나 그 씩씩한 기상도 백 년을 못 가서 꿈으로 변한다. 사람의 수명은 백 년을 넘는 이가 거의 없다.

 그들이 일생 동안 자신의 포부와 야망을 위하여 노심초사한 일들은 누구를 위한 것이었던가?

 자신을 위한 것이었을까? 그렇다면 그것은 헛된 생각이었다. 헛이름만이 남고 실지는 없는 것이 인생이 간 뒤의 이름이다. 그것이 자신에게 무슨 소용이 있단 말인가. 그러면 남을 위한 것이었을까? 무엇인가 남에게 전해 주려는 생각이었을까? 그것도 또한 헛된 노릇이다. 가슴에 만권萬卷의 지식을 간직하고 이름을 한세상에 떨치는 것이 반드시 인간을 유익하게 하는 것은 아니다. 거기에는 이름을 좋아하는 허영이 있고, 자신을 과대誇大하는 망상妄想이 있다. 이런 것들은 다 그림자와 같은 것으로 잡으려 해도 잡힐 것이 없다. 무엇을 가지고 남에게 줄 수 있겠는가. 도리어 참된 도道를 해치고 덕을 상실하게 만드는 피해를 줄지도 모른다.

 이러한 헛되고도 반짝하고 사라지는 인생의 무상함을 생각한다면, 차라리 봄 동산에 아름답게 핀 꽃들과 어울려 노래하는 새들이 부러울 뿐이다. 봄은 해마다 다시 오고 봄이 오면 언제나 꽃이 피고 또 새는 노래하기 때문이다.
여기 시 한 수를 읊어 보기로 하자.

낙성 동쪽 옛사람 어디 간고
바람에 꽃 지는데 지금 사람 서 있네.
해마다 해마다 같은 꽃 피건마는
해마다 해마다 사람은 같지 않구나.
古人無復洛城東 今人還對落花風
年年歲歲花相似 歲歲年年人不同

인연因緣

세간에서 하는 말에, "마음에 있는 것은 취중醉中에 드러나고, 정情에 있는 것은 꿈속에 보인다."고 한다.

꿈이 비록 빈 환상幻像이나, 한편 반드시 원인이 있어서 이루어진다. 하물며 인생의 영고성쇠榮枯盛衰에 어찌 그 원인이 없겠는가. 옛말에 말하기를, "전세前世의 인연을 알고자 하면 이 생에서 받는 것이 그것이다. 내세來世의 인연을 알고자 하면 이 생에서 짓는 것이 그것이다."라고 하였다.

사람의 일을 가지고 관찰한다면, 사람이 운을 타고 세력을 얻어서 함부로 위복威福을 지어 남을 턱으로 지시하고 기를 부려도 남이 감히 원수로 삼거나 원망하지 못하지만, 그 운이 옮겨가고 세력이 없어지면 묵은 감정과 옛 빚이 때를 타서 한꺼번에 모여든다. 그렇게 되면 세상 사람들은 다만 그 시세時勢의 엎치고 뒤치는 것과 인정의 염량세태炎凉世態를 알 뿐이고, 그 유래가 멀다는 것은 생각지 않는다. 진실로 생각이 이에 이르게 된다면 무엇을 원망하고 무엇을 한탄하겠는가.

諺云存於心者 發於醉中 存於情者 見於夢中 夢雖虛幻 亦必有因而成 況人生榮瘁 豈無因 古語云欲知前世因 今生受者是 欲知來世綠 今生作者是 以人事觀之 乘運得勢 妄作威福 頤指氣使 莫敢仇怨 及其運移勢去 夙憾舊債 乘時湊集 世人但知其時勢飜覆 人情炎凉 不思其所由來遠矣 苟能思到 何怨何尤

因緣(인연) : ① 서로의 연분. ② 불교 용어로서 결과를 내는 원인. 결과를 내는 주된 관계를 인因이라 하고, 결과를 내는 데 보조되는 것을 연緣이라고 한다. 모든 사물은 이 인연에 의하여 생멸生滅한다고 함. 예를 들면, 쌀과 보리는 그 종자를 인因으로 하고, 노력勞力·우로雨露·비료 등을 연緣으로 한다.

諺(언) : 상말. 품위가 낮은 말.

榮瘁(영췌) : 번영함과 쇠약함. 영고榮枯.

妄作威福(망작위복) : 형벌을 주는 위엄과 복을 주는 권한을 함부로 행사함.

頤指(이지) : 턱으로 지시함. 남을 업신여겨 함부로 부리는 것.

氣使(기사) : 기를 부림.

夙憾舊債(숙감구채) : 일찍이 가졌던 감정과 묵은 빚.

乘時湊集(승시주집) : 때를 놓치지 않고 한꺼번에 모여듦.

人情炎凉(인정염량) : 권세가 있을 때에는 아첨하여 좇고, 세력이 없어지면 푸대접하는 세상 사람들의 심정心情.

인생의 모든 영고성쇠와 길흉화복은 인연에서 생기는 것이다. 즉 인과因果관계에서 생긴다는 것이다. 불가의 설에 의하면, 인因은 친인親因이니 결과를 가져오는 주된 인因이고, 연緣은 결과를 가져오게 하는 데 보조 작용을 하는 것이다. 가령 참외를 심었을 때 참외의 씨는 인因이 되고, 노력勞力·수분·토양土壤·비료 따위는 연緣이 된다. 인생의 모든 일뿐 아니라 삼세육도三世六道를 통한 모든 것은 이 인연에서 생긴다고 한다. 〈열반경涅槃經〉에 보면, "참외를 심으면 참외를 얻고 자두를 심으면 자두를 얻는다(種苽得苽 種李得李)."라고 하였다. 이와 비슷한 말은 유교儒敎에도 있다. 〈역경易經〉의 곤괘문언坤卦文言에, "선善을 쌓은 집안에는 반드시 남긴 경사가 있고, 불선不善을 쌓은 집안에는 반드시 남긴 재앙이 있다(積善之家 必有餘慶 種不善之家 必有餘殃)."라고 하였다. 이렇게 모든 과果는 인因에서 온다는 생각은 유불儒佛이 일치하는 견해인 것 같다. 그러나 불교에서는 인因 이외에 연緣이란 것을 더 첨가하여, 일체一切 현상現象의 상대적

의존관계依存關係를 더욱 미묘하게 설명하고 있다. 인因 · 연緣 · 과果의 설은 불교를 성립하게 하는 근본 사상이다. 다시 말하면, 불교란 인연을 말하는 종교인 것이다.

  월창 거사도, 인간 만사가 다 인 · 연 · 과因緣果의 작용이란 것을 안다면 다시 누구를 원망할 것도, 무엇을 근심할 것도 없다고 하였다. 모든 것은 다 전생前生 · 차생此生에서의 언젠가의 인연으로 생긴 것이니, 그 먼 인연을 찾아 올라가면 다 자신이 만들어 놓은 것이라는 것이다. 그 인因이 있을 때에 이미 과果는 정해진 것이기 때문이다. 그러므로 전세에 내가 어떤 인을 만들었던가를 알려면 이생에서 자신이 받고 있는 것을 보면 알고, 내생來生에 어떤 결과를 받을까를 알고자 하면 이생에서 자신이 지은 것으로 미루어 알 수 있다고 하였다. 선인연善因緣에는 선과善果가, 악인연惡因緣에는 악과惡果가 온다는 것이다.

  옛 시에 이런 것이 있다.

> 내 단청丹靑과 더불어 두 번이나 몸 바꾸어
> 세간에 유전流轉하다가 마침내 티끌이 되었네.
> 다만 이 물건이 다른 물건 아님을 알 뿐이니
> 지금 사람이 곧 옛사람이냐고 묻지는 마오.
> 我與丹靑兩幻身 世間流轉會成塵
> 但知此物非他物 莫問今人猶昔人

확금攫金

아름답고 고운 여인女人을 만나서 음란한 생각을 일으키는 자는, 꿈에 보면 반드시 껴안게 되고, 황금과 비단을 보고 탐욕한 마음이 생기는 자는, 꿈에 보면 반드시 창탈搶奪한다. 그것은 무슨 까닭인가. 형체形體는 비록 감히 하지 못하였으나 마음은 이미 죄를 범하고 있기 때문이다.

옛날, 대낮의 시가에서 남의 황금을 움켜 빼앗다가 경관에게 붙잡힌 자가 있었다. 캐물으니 대답하기를, "눈앞에 다만 금만 보이고, 옆에 사람 있는 것은 알지 못하였습니다." 라고 하였다 한다. 대체로 욕심의 불길이 뜨겁게 타오르면, 연기가 공중을 가린 것처럼 마음이 취하고 눈은 어두워져서 이에 이른 것을 깨닫지 못하는 것이다.

아아! 사람이 불의不義를 범하고 차마 하지 못할 일을 하는 자인들, 처음에야 어찌 사람의 마음이 없었겠는가. 악한 생각이 한번 일어나면 집착執着이 심해지고 심정이 오로지 거기로 기울어지게 된다. 버릇이 오래되면 뜻이 변하고 점점 부끄러움을 모르기에 이르러, 마침내 몸과 마음을 돌아보지 않게 된다. 사정이 크게 전환되면 사세는 급하고 마음은 바빠서 드디어 금수禽獸 같은 행동에 이르러도 마음에 달게 여긴다. 그리하여 당시의 세상에 악惡을 뿌리고, 뒷세상에 더러운 이름을 남기게 된다. 어찌 다만 대낮에 남의 황금을 움켜 빼앗는 일에만 그치겠는가. 한 개비의 작은 불이 능히 태산의 나무를 다 태울 수 있고, 한 생각의 악惡이 하늘을 삼킬 만한 죄를 지을 수 있게 되는 것이다. 서리를 밟으면 장차 굳은 얼음이 어는 날이 오게 된다. 두렵지 않은가.

遇美艷動淫念者 夢見必抱 覩金帛生貪心者 夢見必搶 是何故 形雖不敢而心已犯 古者白晝市上 有盜攬金 爲吏所擒 而詰之 曰眼前但見其金 不覺有人 夫慾火熾然 如烟障空 心醉眼昏 不覺至此 噫人之犯不義 行不忍者 始豈無人心 惡念一起 着甚情專 習久意變 漸至無耻 不顧身名 事情轉大 勢急心忙 遂至爲禽獸而甘心 播惡當時 遺臭後世 豈直白晝攬金而已 一灼之火 能燐太山之木 一念之惡 能成滔天之罪 履霜堅冰 可不懼哉

攫金(확금) : 금金을 움켜 빼앗음. 갑자기 달려들어 남의 돈을 빼앗음.

美艶(미염) : 아름답고 고운 여색女色.

搶(창) : 홱 채감. 갑자기 달려들어 빼앗아 감. 창탈搶奪.

詰之(힐지) : 추궁함. 파고 물음.

熾然(치연) : 불타는 것처럼 맹렬함.

着甚情專(착심정전) : 집착이 대단하고 심정이 오로지 거기에만 기울어짐.

習久意變(습구의변) : 버릇이 오래되면 의사意思가 변함.

遺臭後世(유취후세) : 더러운 이름을 뒷세상에 남김.

一灼之火(일작지화) : 한 개비의 불. 작은 불.

滔天之罪(도천지죄) : 하늘까지 뒤덮을 만한 큰 죄.

履霜堅冰(이상견빙) : 서리를 밟게 되면 장차 굳은 얼음이 얼게 된다는 것. 작은 조짐은 반드시 점점 커지는 것이니 조짐을 보고 경계하라는 말. 〈역경易經〉곤괘坤卦의 '履霜堅冰至'라는 말에서 나온 것.

여색女色에 대한 정욕이나 재물에 대한 탐욕은 한번 일어나면 마치 불이 타오르듯 자꾸 치열熾烈해지게 마련이다. 한번 맛

을 들이면 마음이 오로지 거기에 쏠리게 되고 집념이 생겨, 앞뒤를 살피지 못하게 된다. 나중에는 금수 같은 행동을 부끄러운 줄 모르고 자행하여 드디어 커다란 죄를 짓게 되는 것이니, 그러한 마음이 처음 일어나서 아직 미세한 조짐의 상태에 있을 때에 스스로 맹성猛省하고 엄단嚴斷하라는 것이다.

〈채근담菜根譚〉에 이런 구절이 있다. "탐욕이 많은 사람은 금을 나누어 주면 옥 얻지 못한 것을 한恨하고, 공작公爵을 봉하면 왕후王侯 못 된 것을 불평한다. 그리하여 권문세가權門勢家 앞에서는 거지처럼 비굴한 것을 스스로 달게 여긴다……(貪得者 分金 恨不得玉 封公 怨不受侯 權豪自甘乞焉丐……)."

옛 시에도 이런 것이 있다.

> 아직 둥글어지기 전엔 보름밤 더디 옴이 한일러니
> 둥글게 되고 나니 어찌하여 그렇게도 쉽게 이지러지는고
> 한 달 서른 밤에 둥글긴 겨우 한 밤뿐이로구나.
> 인생 백 년 세상사 모두가 이러한 것을.— 보름달
> 未圓常恨就圓遲 圓後如何易就虧
> 三十夜中圓一夜 百年心事總如斯 一望月

연객 燕客

　꿈속에서 혹시나 권속眷屬의 상사喪事를 당하면 슬픔을 그치지 못하며, 혹은 문장의 이름을 얻으면 지해知解가 통달한다. 그러나 깨고 나면 슬픈 심정心情을 찾을 수 없는 것이다. 학식도 간 곳 없다.
　무슨 까닭인가. 정식情識이란 환상幻像이며 변화하는 것이기 때문이다.
　옛날에 한 연燕나라 사람이, 어릴 적에 고향을 떠나서 초楚나라에서 성장하였다. 그 뒤에 연나라의 손(客)을 만나 함께 돌아가게 되었다.
　연나라 국경國境에 들어서니 산을 봐도 물을 만나도, 슬프게 느껴지지 않는 것이 없었다.
　손은, 그가 지나치게 상심하는 것을 염려하여 속여서 한 무덤을 가리키면서, "이것이 당신 부모의 무덤이오." 하였다. 그 사람이 그 앞에 몸을 던지듯 하며 절하고 엎드려 통곡하다가 기절

하였다. 손이 말하기를, "그만 일어나시오. 아까 내가 술에 취하여 잘못 이곳이라고 하였으니 용서하시오."라고 하였다. 그 아들이 실망한 듯이 눈물을 거두었다. 다시 한 무덤을 가리키며, "이것이 정말 당신 아버지의 무덤이오."라고 하니, 그 아들이 머뭇머뭇하며 사방을 한 번 돌아다보고 나더니 한마디 곡哭을 하고 그친 뒤에 두 번 절하고 일어났다고 한다.

대체로 물物이 나를 얽는 것이 아니라 내가 스스로 얽히는 것이며, 환경環境이 나를 속박束縛하는 것이 아니라 내가 스스로 속박되는 것이다.

夢中或遭眷屬之喪 悲感不已 或得文章之名 知解通達 覺而求悲 情不可得 求學識無所存 夫何故 情識幻化者也 昔燕人幼年離鄕 長養於楚 後遇燕客 偕與歸 既入燕境 見山遇水 無不悲感 客慮其過傷 碧指一塚 日是子父母 投身拜復 號慟殞絕 客日子其起矣 向吾乘醉謬認此處 幸勿爲咎 其子憮然收淚 復指一塚 日是眞爾親 其子逡巡四顧 一哭而止 再拜而興 夫物非能累我 我所自累 境非能縛我 我所自縛

燕客(연객) : 연나라의 손[客].

眷屬(권속) : 가족. 한집안 식구.

知解(지해) : 알다. 깨달음.

幻化(환화) : 실재하지 않는 것을 실재하는 것처럼 보이게 하는 환상幻像.

慮其過傷(여기과상) : 지나치게 상심傷心하는 것을 염려함.

蒂指(태지) : 속여서 가리킴.

號慟殞絕(호통운절) : 통곡하여 기절함.

憮然(무연) : 실의失意의 모양. 실망하는 모양.

爾親(이친) : 너의 부모.

逡巡四顧(준순사고) : 머뭇거리며 사방을 둘러봄. 주저하며 사방을 살펴봄.

累我(누아) : 나를 더럽힘. 나를 얽음.

縛我(박아) : 나를 속박束縛함.

  인간 세상의 슬픔도 기쁨도 다 나 스스로 그렇게 생각하고 그렇게 느끼는 데에서 생기는, 그때그때의 마음의 작용에 지나지 않는다. 크게 깨닫고 보면 슬퍼할 것도, 기뻐할 것도 실재한 것이 아니란다. 그것은 다 한때의 환상幻像일 뿐이라는 것이다. 그것은 마치 꿈속에서 슬픈 일이 생겨서 매우 슬퍼하거나, 기쁜 일이 있어서 매우 만족하다가 깨어 보면 슬픈 일도 기쁜 일도

존재하지 않는 것과 같은 것이다.

 도대체 인생이란 그 자체가 한낱의 꿈이며, 인간 세상에서 봉착하는 온갖 사물도 다 하나의 환상幻像인 것이다. 또한 슬프니 기쁘니 성내느니 즐거우니 하는 것도 그때그때의 느낌에서 오는 것으로, 느낌이란 다만 마음의 움직이는 작용이며 항상 유동하는 것이다. 같은 사물에 대하여 서로 슬프게 느낄 때도 있고, 담담하게 느낄 경우도 있다.

 그러니 인간의 모든 희로애락喜怒哀樂과 사랑하고 미워하는 것은 다 스스로의 느낌일 뿐이고 객관적인 실재가 아니라는 것이다. 여기에 나온 연燕나라 사람의 이야기는 그러한 사정을 단적으로 시사한 것이다.

 결국 각자覺者의 눈으로 보면, 인간만사人間萬事는 다 자신의 마음의 작용이 자승자박自繩自縛하고 있을 뿐이라는 것이다.

 옛 글귀에 이런 것들이 있다.

> 마음이 광명光明하면
> 어두운 방 안에도 푸른 하늘이 있고
> 마음속이 어두우면
> 백일白日 아래에서도 도깨비가 나타난다.
> 心體光明 暗室中有靑天
> 念頭暗昧 白日下生厲鬼

마음에 집념이 있으면 즐거운 곳도 고해苦海가 된다.

心有繫戀 樂境成苦海

제소啼笑

꿈속에서 홀연히 울기도 하고 홀연히 웃기도 한다. 사람들이, 꿈의 장면은 변하기 쉽다고 한다.

대체로 꿈속에서 울고 웃는 것도, 또한 슬프고 즐거움에 인한 것이니, 꿈의 장면이 잘 변한다는 것은 정식情識의 떳떳하지 않은 것에 인유因由하는 것이다. 어찌 특히 꿈에서만 그러할 뿐이겠는가.

옛날 위衛나라 임금에게 폐신嬖臣이 있었다. 그가 복숭아를 먹다가 그 나머지를 임금께 올리니 임금이 말하기를, "저 사람이 진정 나를 사랑하는구나. 과일 한 개의 맛에도 또한 나를 잊지 않는다."고 하였다. 그가 밤에, 어머니가 병이 났다는 통지를 받고 궁궐의 문을 열고 구마廐馬를 타고 나가니 임금이 말하기를, "저 사람은 진정 효자로구나! 사죄死罪도 돌아보지 않았으니."라고 하였다.

그 뒤에 임금의 총애寵愛가 해이하여지고 좌우의 신하들이 날로 그를 나쁘게 비평하니 임금이 말하기를, "내가 그 사람의 죄악을 알고 있은 지 오래다. 제가 먹던 나머지를 과인寡人에게 올렸으니 그 마음은 임금을 무시하는 마음이다. 밤에 궁궐 문을 열고 구마를 훔쳐 타고 갔으니 그 마음은 법을 무시하는 마음이다."라고 하였다 한다.

　아아! 전날 그를 사랑할 때는 일마다 일마다 사랑스러웠건만, 지금 그를 미워하니 일마다 일마다 다 악할 뿐이다. 세상 사람들의 옳고 그름을 누가 능히 정할 수 있겠는가.

夢中忽啼忽笑 人以謂夢境易幻 蓋夢之啼笑 亦因悲歡 則夢之易幻 由於情識之靡常 奚特於夢爲然而已 昔衛君有嬖臣 食桃以其餘獻 君曰彼眞愛我 一果之味 且不妄我 夜聞母病 開宮門 騎廐馬而出 君曰彼眞孝子 不顧死罪 其後愛弛 而左右日短之 君曰吾知其惡久矣 彼以食餘 進於寡人 是心無君也 夜開宮門 竊騎廐馬 是心無法也 噫昔之愛也 事事可愛 今之惡也 事事皆惡 世人之是非 孰能定之

啼笑(제소) : 울고 웃음.

夢境易幻(몽경이환) : 꿈속의 장면은 변하기 쉽다는 말.

靡常(미상) : 무상無常과 같은 뜻.

嬖臣(폐신) : 총애하는 신하.

廐馬(구마) : 마구의 말. 여기서는 내구마內廐馬, 즉 임금이 타는 말을 가리킨 것.

短之(단지) : 단점을 들어 비평함. 나쁘게 말함.

　사랑하는 마음으로 보면 모든 것이 옳고, 미워하는 마음으로 보면 모든 것이 그르다는 것이다. 모든 사물에 대해서도 선의善意의 눈을 가지고 바라보면 좋은 점만이 자꾸 발견된다. 그러나 미워하는 눈으로 살펴보면 단점만 드러난다.

　원래 세상의 어떤 사물에도 좋은 면만 있고 나쁜 면은 전연 없거나, 나쁜 면만 있고 좋은 점은 하나도 없는, 그런 것은 드물다. 아니, 없는 것이다. 세상의 옳다, 그르다 하는 논평도 아주 공평 정대한 것은 있기 어렵다. 논평하는 사람이 공정하려고 마음먹더라도, 자신도 모르는 사이에 한편으로 치우치기 쉽다. 더군다나 처음부터 선입관을 가지고 혹은 일부러 좋게, 또는 나쁘게 논평하려는 저의底意를 갖고 하는 논평이야 더 말할 여지가 없는 것이다. 그것은 또한 사랑하고 미워하는 마음에 따라 옳게도 그르게도 논평된다. 더구나 그 사랑한다, 미워한다 하는 마음은 항상 변한다. 그러므로 어제 곱던 사람이 오늘 미워지고,

어제 멀던 사람이 오늘 가까워진다. 따라서 어제 옳던 일은 오늘에는 그르고, 어제 그르던 일은 오늘은 옳은 것으로 둔갑한다.

이러하니 세상 사람의 시비是非를 누가 정할 수 있으며, 설사 정해진들 어떻게 믿을 수 있단 말인가 하고 월창 거사는 말하고 있다.

옛 시에도 이렇게 말한 것이 있다.

> 임의 사랑 다했으니 이 몸은 어디로 가야 할꼬.
> 아직도 남은 향기 춤옷〔舞衣〕에 스며 있네.
> 한스럽다 이 내 몸 제비처럼 가볍지 않아
> 봄과 함께 임의 방 주렴 앞에 날아가지 못하네.
> 君思己盡欲何歸 猶有殘香在舞衣
> 自恨身輕不如燕 春來還繞御簾飛

> 시비是非는 입들을 많이 열어 놓아 생기고
> 번뇌煩惱는 다 억지로 출세하려는 데서 온다.
> 是非只爲多開口 煩惱皆因强出頭

승봉 蠅蜂

파리가 향기로운 냄새나 비린내를 맡으면, 혹 동에 갔다가 혹 서로 날아가곤 한다. 벌이 울긋불긋한 꽃을 보면 홀연히 왔다가 홀연히 가곤 한다. 세상 사람들이 이것을 보고, "미물微物의 행동이 경박輕薄하다."고 한다.

세상 사람들이 꿈속에서 멍하니 동에 있는가 하면 훌쩍 서에 있다. 즐거워할 만한 것을 보면 기뻐 웃고, 근심할 만한 것을 보면 슬피 운다. 뜻은 장면에 따라 전환轉換하고 마음은 일에 따라 변한다. 그것을 사람들은, "꿈의 환상은 무상無常하다."고 말한다.

총명하고 지식 있는 사람이 아침에는 동에서 웃고, 저녁에는 서에서 성낸다. 아까는 장張가를 좇더니 지금은 이李가에게 달려간다. 세력에 따라 나아가고 물러가며, 이利를 보아서 향하기도 하고 등지기도 한다. 그 행동은 파리나 벌만도 못하며, 꿈의 환상만도 못하다. 세상에 꿈속에 있지 않은 사람이 몇 사람이나 되는가.

蒼蠅聞香腥而或東或西 黃蜂見紅紫而忽去忽來 人以謂微物
薄行 世人夢中 胡然在東 倏爾在西 見可樂而喜笑 見可憂而
悲啼 意隨境傳 心從事變 人以謂夢幻無常 所謂聰明知識之人
朝笑於東 暮怒於西 俄從乎張 今趍乎李 因勢進退 見利向背
不啻如蠅蜂 不啻如夢幻 世之不是夢者幾人

蠅蜂(승봉) : 파리와 벌.

香腥(향성) : 향기와 비린내.

微物(미물) : 작은 벌레.

薄行(박행) : 경박輕薄한 행동.

胡然(호연) : 멍하니 있는 모양.

倏爾(숙이) : 홀연히. 훌쩍.

意隨境傳(의수경전) : 뜻이 장면에 따라 전환轉換함.

見利向背(견리향배) : 이리가 있으면 향하고 이가 없으면 등짐.

不啻(불시) : ……뿐 아니라.

이 장은 소위 총명하고 지식 있다는 사람들이, 세력에 아부하고 이利를 좇는 데에만 급급한 절조 없는 행동을 풍자諷刺한 것이다.

파리는 비린내 나는 곳을 찾아 동으로도 날아가고 서로도 모인다. 벌들도 울긋불긋한 꽃을 따라 홀연히 갔다가 또 홀연히 오곤 하여 그 행동이 절조가 없고 경박해 보인다. 그러나 그것들은 미물이니 우리는 그것들에게 지조를 운위할 수는 없다. 그런데 그러한 절조 없는 행동은 벌이나 파리에게만 있는 것이 아니다. 사람들은 꿈속에서 동쪽에 우두커니 있는가 하면, 어느 사이에 훌쩍 서쪽에 와 있다. 즐거운 것을 보면 웃고 근심되는 일을 당하면 울곤 한다. 뜻은 장면에 따라 변전하고 마음은 일에 좇아 바뀐, 안정도 절조도 없다. 그러나 그것은 꿈이기 때문이라고 너그럽게 풀이할 수 있다. 하지만 소위 총명하고 지식이 있다는 사람들이 동에 가 붙었다 서에 가 붙었다 하는가 하면, 아까는 장 아무개를 따라다니더니 지금은 이 아무개에게 아첨한다. 그들은 오직 상대자의 세력에 따라 나아가기도 하고 물러가기도 한다. 또 자기에게 얻어질 이利가 있는가 없는가, 많은가 적은가를 살펴, 달려가 아첨하는가 하면 버리고 돌아선다. 이것은 무엇으로 설명할 것인가. 그 마음의 정함 없음은 꿈과 같고 그 행동의 절조 없음은 벌레만도 못하다.

이 세상에 그렇지 않은 사람이 과연 몇 사람이나 있는가 하고 개탄한 것이다.

이런 옛 시가 있다.

> 세상 사람들 벗 사귀는 데 황금을 앞세우네.
> 황금이 많찮으면 사귐도 깊지 않네.
> 어느 때는 서로가 마음을 허락함네 맹세하더니
> 웬일인가 어느 사이에 길 가는 나그네 보듯 하네.
>
> 世人結交須黃金 黃金不多交不深
>
> 縱令然諾暫相許 終是悠悠行路心

화속 化速

사람은 하루 동안에 1만 3천 5백 번 숨쉰다. 한 번 숨쉬는 사이에 해(日)가 40만 리를 간다. 대화大化의 속速함이 이와 같다. 사람이 그 사이에 머무르니 또한 무슨 겨를이 있겠는가.

그런 까닭에 성장成長하지 않는 날이 없어서 어느 사이에 장년이 된다. 장년이 되면 쇠약하여 가지 않는 날이 없다. 그리하여 어느 사이에 늙음에 이른다. 그 늙은 때와 어린 때를 제외하고 나면 세월이 많지 않다. 질병과 근심과 고통이 혹은 반을 넘는다.

부귀하면 사무에 얽매이게 되고, 빈궁하면 굶주림과 추위에 군박窘迫하여 뜻은 항상 바쁘다. 날마다 바쁘게 지내느라고 실로 하루도 자기의 마음대로 할 수 있는 날이 없다. 생각하고 염려하고 계획하고 헤아리고 하느라고 마음이 번뇌煩惱하여, 다시 한 가지의 생각도 자기의 마음대로 자유자재하게 가질 날이 없다.

이와 같은 일생을 지내다가 어느 사이에 죽게 되면, 습성習性

의 기운이 없어지지 않음이 거의 꿈속의 경우와 같다. 이와 같이 되풀이를 거듭하면서 잠깐 사이에 여러 겁劫을 지나게 되면, 생전의 총명으로도 오히려 깨닫지 못한다. 죽은 뒤의 아득한 혼魂에게 다시 무엇을 바라겠는가. 소가 되고, 나귀가 되는지도 알 수 없다. 능히 지혜 있고 능히 깨달음이 있기를 어찌 기대할 수 있겠는가.

옛사람이 말하기를, "이 몸이 금생今生을 향하여 헤아리지 않았으니 다시 어느 생生을 기다려 이 몸을 헤아리겠는가."라고 하였다. 그 뜻이 지극히 절실하다. 그런데 세상 사람들은 모두가 꿈속에 있으면서 한 사람도 머리를 돌려 생각하는 이가 없으니 가엾은 일이로구나.

人之呼吸 一日一萬三千五百息 一息之間 日行四十萬里 大化之速如此 人住其間 亦何暇焉 是以無日不長 於焉成壯 無日不衰 於焉到老 除其老幼 光景無多 疾病憂苦 或居太半 富貴則牽纏於事務 貧窮則窘迫於飢寒 意常忙忙 與日俱往 實無一日之自在 而思慮計度 煩惱於中 更無一念之自在 如此一生 於焉而死 則習氣未泯 殆與夢境 如是轉展 倐經多劫 生前聰明 猶不能覺 死後迷魂 復何望焉 爲牛爲驢 且不可知 能慧能悟 其可期哉 古人云 此身不向今生度 更待何生度此身 其旨

至切 而世人俱在夢中 無一回頭者 可哀也夫

化速(화속) : 변화의 속함. 사람의 일생에 큰 변화가 네 번 있다(大化有四). 그것은 어린 시절, 청장년 시절, 늙은 시절, 사망死亡의 때이다.

牽纏(견전) : 얽힘. 얽매임. 구속됨.

窘迫(군박) : 핍박逼迫함. 군색하고 절박함.

習氣未泯(습기미민) : 습관의 기운이 사라지지 않음. 버릇이 남아 있음.

轉展(전전) : 차례차례로 되풀이하여. 반복反復하여.

倏經(숙경) : 잠깐 동안에 지나감. 잠깐 사이에 경과함.

劫(겁) : ① 불교 용어로, 보통 연월일로는 헤아릴 수 없는, 한없이 길고 긴 아득한 시간. 대개 겁劫을 표현하는 데 개자芥子·불석拂石 두 가지 비류를 들어 말한다. 개자겁芥子劫은 둘레 40리 되는 성城 안에 개자를 가득 채워 놓고, 장수천인長壽天人이 3년마다 한 알씩 가져가서 개자가 모두 없어질 때까지를 겁으로 한다. 또 불석겁拂石劫은 둘레 40리 되는 반석을, 하늘 사람이 무게 3수銖 되는 천의天衣로써 3년마다 한 번씩 스쳐 그 돌이 닳아 없어질 때까지의 시간을 1겁으로 한다. 겁에는 또 대겁大劫·중겁·소겁이 있다. 위에서 설명한 것은 소겁이다. 둘레를 80리로 한 것을 중겁, 120리로 한 것을 대겁이라고 한다. ② 인도에서는 범천梵天의 하루, 곧 인간 세계의 4억 3천 2백만 년을 1겁이라 한다.

爲牛爲驢(위우위려) : 소로 태어나는 것과 나귀로 태어나는 것. 사람은 삼세육도三世六道를 윤회하는 사이에 인과응보로 축생畜生으로도 태어나는 일이 있다고 한다.

回頭(회두) : 반성反省. 머리를 돌려 살펴봄.

우주 영겁永劫의 시간에 비하면 인생이란 너무나 짧은 수명이다. 그 짧디짧은 인생 동안이란 것도 어린 시절, 노쇠한 시절, 병든 시간을 제외하면 정말 제대로 인생을 살았다 할 수 있는 시간이란 지극히 짧은 기간뿐이다.

그 짧은 시간에도 부귀한 사람은 그 부귀 때문에 부담되는 일에 얽매여서 바쁘고, 가난한 사람은 굶주리고 헐벗은 걱정에 쫓겨 바쁘다. 그래서 사람은 누구나 항상 바쁘고 쫓기는 나날을 보낸다. 그러느라고 실로 하루도 그런 세속적인 일에서 벗어나서 정말 자기 마음대로 한가하고 고요한 시간을 자유롭게 향유享有하지 못한다.

온갖 생각과 근심과 계획과 헤아림이 가슴을 번거롭게 하여 하루도 홀가분하고 시원한 초탈超脫의 심정으로 생각할 겨를을 갖지 못한다.

  이렇게 대부분의 사람들이 자신의 인생을 자유로운 심경에서 생각할 겨를도, 반성할 겨를도 없이 마치고 만다는 것이다. 월창거사는, 인생이 이렇게 무상하고 번뇌 속에서 살다가 가는 것을 슬퍼할 뿐만 아니라, 인생의 사후死後, 그리고 영겁永劫에 걸친 윤회에 대하여도 근심하고 있다. 그는, 사람이 생시에 생각하고 경험하던 것이 꿈속에 나타나듯이, 이생에서 온갖 번뇌 속에서만 헤매다가 죽으면 사후에도 생전의 버릇이 남아 있어서 번뇌를 되풀이한다는 것이다. 번뇌의 생에서 다른 번뇌의 생으로 전전하게 되면, 생전의 총명으로 깨닫지 못한 것을 죽은 뒤의 아득한 혼에게 깨닫기를 기대할 수는 없다. 그러니 축생도畜生道에 떨어져 소가 될지 나귀로 변할지 알 수 없다는 것이다.

  그러니 한 번 큰 안목으로 반성하고 깨달아서 그 번뇌 속에서 해탈하라는 것이다. 불교는 바로 인생에게 이러한 해탈을 가르치는 종교이다.

  옛글에 이런 것들이 있다.

> 우리 인생의 잠깐임이 슬프구나.
> 장강長江의 흐름 무궁함이 부러워라.
> 哀吾生之須臾 羨長江之無窮

해마다 해마다 봄은 지나가는데.

인생 백 년이라지만 일찍이 백 년 산 사람 없었네.

우리 꽃 속에서 몇 번이나 취할 수 있겠는가,

두십천斗十千의 비싼 술이라도 가난타 사양 말고 마시게나.

一年又過一年春 百歲曾無百歲人

能向花中幾回醉 十千沽酒莫辭貧

임용 賃傭

 고요히 살펴보니 세상 사람들의 몸은 셋방살이 같고 마음은 날품팔이꾼 같다.

 어째서 셋방살이라고 하는가. 셋방은 비록 좋더라도 기한이 되면 물러나야 한다. 사람의 몸이 비록 아름답더라도 수명壽命이 다하면 가야 한다. 어찌 셋방살이가 아니겠는가.

 어째서 날품팔이라고 하는가. 이 일을 다 마치면 또 저 일을 한다. 온종일 바삐 쫓아다니면서 자기 마음대로 하지 못한다. 사람의 마음은, 만약 이 일을 붙잡지 않으면 반드시 저 일을 붙잡는다. 한때도 자기 마음대로 하지 못한다. 어찌 날품팔이꾼이 아니라고 하겠는가.

 집은 돈이 있으면 다시 세낼 수도 있으나 몸의 한명限命은 속贖할 물건이 없다. 날품팔이는 일을 마치면 그칠 수 있으나 마음의 노역勞役은 잠깐이라도 그칠 때가 없다.

 꿈속의 마음과 몸도 또한 반드시 무엇엔가 붙잡고 매달린다.

이것으로써 참이라고 하고, 이것으로써 즐겁다고 한다. 적어도 붙잡고 매달리는 데를 떠나면 또한 매우 허전하게 여긴다.

아아! 죽어서도 살아서도, 꿈에서도 깨어서도, 자유자재할 때가 없구나.

靜觀世人 身如賃居 心若傭役 何謂賃居 賃屋雖好 限到則退 人身雖美 壽盡則去 豈不是賃居乎 何謂傭役 此事畢 又作彼事 終日奔忙 不得自在 人心若不攀緣此事 必攀緣彼事 無一時自在 豈不是傭役乎 屋宇有錢更賃 身限無物可贖 傭役竣事可已 心役無時暫歇 夢中心身 亦必攀緣 以此爲眞 以此爲樂 苟離攀緣 亦甚無聊 噫 死生夢覺 無時自在

賃傭(임용) : 셋방과 날품팔이.

賃居(임거) : 셋방살이.

傭役(용역) : 날품팔이꾼.

攀緣(반연) : 붙잡고 매달림.

贖(속) : 범죄나 신역身役을 면제받는 대가代價.

無聊(무료) : 심심함. 마음이 허전함.

세상 사람의 몸을 셋방살이에 비유하고, 날품팔이꾼에 비유하고 있다.

사람의 목숨은 수명이 다하면 가야 하는 것이니, 마치 셋집에 살던 사람이 기한이 되면 물러나야 하는 것과 같다는 것이다. 그러나 셋집은 돈으로 다시 세낼 수도 있으나 사람의 한명限命은 그렇지도 못함을 안타까워하고 있다.

또한 마음은, 이 일을 마치면 또 저 일로, 무슨 일에든 매달려 있지 않으면 허전하여 견디지 못한다. 그리하여 단 하루도 자기 마음대로 자유자재한 때가 없으니, 마치 날품팔이꾼과 같다는 것이다. 날품팔이는 일을 마치면 쉴 수도 있으나 마음만은 한시도 쉴 새가 없다는 것이다.

이렇게 사람들은 인간의 한명限命을 공연히 스스로 바빠하고 스스로 무진 애를 쓰면서 고통과 번뇌 속에서 살다 간다는 것을 말하고 있다.

옛 시에 이런 것들이 있다.

> 머리에 하늘 이고 발은 땅을 디뎠지만
> 아득하고 허전할싸 가는 그곳 어디멘지
> 발부리 내치는 대로 진동한동 갈거나.

아이가 태어나면 바로 우는 뜻 그대는 아는가,

한번 인간에 떨어지면 만고에 시름이라네.

兒生卽哭君知否 一落人間萬古愁

능소 能所

 만약 능연能緣하는 마음도 소연所緣의 대상도 없다면 텅 빈 것이 허공虛空과 같을 것이니 장차 무엇으로 마음을 삼겠는가.

 대체로 즐겨 함이 변하여 성냄이 되고 성냄이 변하여 즐겨 함이 될 즈음에는 물이 불로 변하는 것과 같아서 체體가 서로 연속되지 않는다. 체가 이미 연속되지 않으면 두 딴 사람이 교대交代하는 것과 같은 것이니 저이와 이이는 마음이 각기 다를 것이다. 그러나 나의 한 몸에 응당 두 마음은 없을 것이다.

 취하고 깬 것이 서로 변전하고, 꿈과 깬 것이 서로 바뀔 때에는 과거의 마음을 이미 알 수 없고 미래의 마음도 또한 알 수 없다. 장차 무엇으로 마음을 삼겠는가.

 그런 까닭에 모든 마음이 다 꿈인데 꿈 아닌 것이 그 가운데 있다는 것을 알 수 있다.

若無能緣之心 所緣之境 則蕩然若虛空 將以何爲心 夫喜變爲怒 怒變爲喜之際 如水易火 體不相連 體旣不連 則如兩人交代 彼此各心 我之一身 應無兩心 醉醒之相變 夢覺之相換 過去心已不可得 未來心亦不可得 則將以何爲心 故知諸心皆夢 而有非夢者存乎其中

能所(능소) : 불교 용어로, 능능과 소소. 능은 능동能動으로 동작하는 것, 소소는 소동所動으로 동작을 받는 것.

能緣(능연) : 불교 용어로, 반연攀緣되는 객관 대상에 대하여 이것을 능히 반연하는 마음, 곧 능동적 작용. 반연이란 대경對境을 의지한다는 뜻. 마음이 제 혼자 일어나지 못하는 것이, 마치 칡덩굴이 나무나 풀줄기가 없으면 감고 올라가지 못하는 것처럼, 마음이 일어날 때에는 반드시 대경을 의지하고야 일어난다. 이 경우 칡덩굴은 나무나 풀을 반연한다. 이 반연은 일체 번뇌의 근본이 된다.

所緣之境(소연지경) : 마음으로 인식認識하는 대상對象.

蕩然(탕연) : 텅 빈 모양.

體不相連(체불상연) : 몸이 서로 연속하지 않음. 형체가 계속되지 않음.

이 장에서는, 마음에는 참마음과 참이 아닌 마음이 있다는 것을 말하고 있다.

마음을 고요히 살펴보면 서로 모순矛盾되는 듯한 두 가지 면面이 있다. 불교의 설說에, "깨달은 사람에게는 대상에 대하여 반연攀緣하는 마음인 능연지심能緣之心도 끊고, 능연能緣으로 삼을 대상도 없어진다. 즉 무심無心의 경지에 들어가서 허공처럼 마음은 텅 빈다."고 한다.

그러면 무엇을 마음으로 삼을 것인가.

그러나 거기에는 마음 없는 마음이 있는 것이다. 또 사람의 즐겨 하는 마음이 변하여 성내는 마음이 되고, 성내는 마음이 변하여 즐겨 하는 마음으로 되는 일이 있다.

그러한 변환은 마치 불이 물로 변하는 것과 같은 것이어서 그 체體가 계속되는 것이 아니다. 체가 계속되지 않는다면 그 두 마음은 마치 딴 두 사람이 교대하는 것과 같은 것이니, 각각 마음은 다를 것이다. 그러나 '나'라는 한 사람의 마음이 어떻게 두 사람의 마음이 될 수 있겠느냐는 것이다.

취함과 깸이 서로 바뀌고 꿈과 깬 것이 서로 바뀔 때에는 과거심도 또 미래심도 알 수 없게 된다.

그러니 무엇으로 마음을 삼아야 한단 말인가.

이런 서로 모순되는 듯한 면을 종합하여 생각하면, 결국 모든 마음은 꿈이라 할 수 있다. 그러나 이 가운데에 일관하여 변하지도 바뀌지도 않는 꿈 아닌 참마음이 존재한다는 것을 알 수 있다는 것이다.

적조寂照

번뇌煩惱가 없으면 꿈을 꾸지 않고, 반연攀緣함이 없으면 환상幻像이 없다.

진실로 번뇌함이 능연지심能緣之心이 빌 것이다. 무엇이 꿈이 될 것이 있겠는가. 진실로 반연함이 없다면 반연의 대상이 적정寂靜할 것이다. 무엇이 환상幻像이 될 것이 있겠는가.

그런 까닭에 깬 자는 마음이 밝은 거울 같아서 환하게 고요히 비칠 것이다.

無煩惱則不爲夢 無攀緣則不爲幻 苟無煩惱 能心空矣 孰爲夢者 苟無攀緣 所境寂矣 孰爲幻者 故學者 心如明鏡 了然寂照

寂照(적조) : 고요히 비침.

所境(소경) : 대상으로 삼을 곳.

了然(요연) : 요연瞭然. 밝게 환하게.

번뇌煩惱가 없으면 꿈도 없게 되는 것이다. 꿈이란 평소에 품고 있던 생각이 마음의 작용으로 나타나는 것이기 때문이다. 따라서 어떤 대경對境에도 반연攀緣하려고 하는 대상이 없다면, 즉 마음으로 개의介意하는 대상이 없으면 마음은 텅 빈 것이 된다. 그러니 환상幻像이 나타날 여지가 없다.

그러므로 번뇌도 없고 반연하고자 하는 대상도 없는 그런 초탈超脫한 사람의 마음은 아무런 흐림이 없다. 그 마음은 마치 먼지 앉지 않은 맑은 거울과 같아서, 언제나 모든 것이 환하고 밝게 그리고 고요히 비치고 있다. 먼지 앉지 않은 맑은 거울에는 미인이 오면 아름답게 비친다. 추부醜婦가 오면 못난 대로 비친다. 노인이 오면 백발이 비치고 젊은이가 오면 젊은 모습이 보인다. 그러나 대상이 가면 그림자도 간다. 거울은 결코 대상에 개의하는 일도, 집착하는 일도 없다. 오는 것은 무엇이나 다 받아들인다. 그러나 가면 모든 것은 사라진다. 흔적을 남기거나 미련이나 여운을 남기는 법이 없다. 거울은 언제나 밝고 깨끗하며, 맑고 고요한 본래의 모습 그대로 있을 뿐이다.

그런 심경이 바로 깨달은 자의 마음이라는 것이다. 〈채근담〉

에 보면, "심경은 달이 밝은 못 물에 비침과 같아, 텅 비어서 잡힘이 없고 물物도 아我도 다 잊는다(心境如月浸池色 空而不着 物我兩忘)."라고 하였다.

월창 거사가 앞 장에서, "모든 마음이 꿈인데 꿈 아닌 것이 그 가운데에 있다."라고 한, 그 꿈 아닌 마음이 바로 이 텅 빈, 밝고 깨끗하여 요연적조了然寂照하는 마음일 것이다.

옛 시에 이런 것이 있다.

>달이 천심天心에 이르고
>바람이 수면水面에 불 때
>이 모든 맑은 뜻과 맛을
>세상 사람은 아는 이 드물구나.
>月到天心處 風來水面時
>一般淸意味 料得少人知

청탁 清濁

마음속에 근심이 없는 자는, 혼魂이 편안하고 백魄은 가볍기 때문에 꿈이 맑다. 마음속에 사려思慮가 많은 자는, 혼이 흔들리고 백은 무거워서 꿈이 산란하다. 꿈이 항상 맑은 자는 죽으면 혼이 마땅히 신령할 것이며, 꿈이 항상 산란한 사람은 죽으면 백魄이 응당 아래로 떨어질 것이다.

사람이 능히 담박한 음식을 먹고 검소한 의복을 입고 만족할 수 있다면 자연히 영구營求함이 적을 것이다. 진실로 영구함이 없다면 무슨 근심하는 생각이 있겠는가.

心中無憂者 魂寧魄輕而夢淸 心中多慮者 魂擾魄重而夢亂 夢常淸者 死當魂寧 夢常亂者 死應魄墜 人能薄滋味 儉衣服 自然少營求 苟無營求 有何憂慮

清濁(청탁) : 맑은 것과 흐린 것.
薄滋味(박자미) : 담박한 음식을 먹음. 거친 음식을 먹음.
儉衣服(검의복) : 의복을 검소하게 입음.
營求(영구) : 꾀하여 구함. 구하려고 힘씀.

 마음에 사려思慮가 없는 사람은, 정신이 안한安閑하고 기운은 경쾌하여 꿈은 항상 맑다. 그러나 마음에 근심과 생각이 많은 사람은, 정신이 산란하고 기운은 무겁기 때문에 꿈자리가 어지럽다. 꿈이란, 마음의 작용이 반영되는 것이기 때문이다.
 그런데 그 근심이니 생각이니 하는 것은 다 세속적인 욕망 때문에 생기는 것이다. 그 욕망을 충족하기 위하여 사람은 애써 구하고 찾아다니곤 한다. 그러자니 근심과 사려는 더욱 복잡하고 무거워져 일생을 악몽 속에서 헤매게 마련이라는 것이다. 이러한 적습積習은 사후의 혼백에도 영향을 끼칠 것이니 두려운 일이라는 것이다.
 그러면 사람을 일생 동안 욕망의 노예로 만드는 것은 무엇인가. 결국 따시고 보면 맛 좋은 음식과 사치한 의복을 얻기 위한 구복신체口腹身體의 욕망이 그것인 것이다. 사람이 담박한 음식과 검소한 의복으로 만족한다면 구태여 애써 영구營求함이 없을 것이고, 영구함이 없으면 자연 모든 우수사려憂愁思慮도 없는, 텅 빈 마음이 될 것이다. 그야말로, "국화를 동녘 울 밑에서 따 들고, 유연히 남산을 본다(採菊東籬下 悠然見南山)."하고 읊은 도연명의 담담한 심정이 될 것이다. 그에게 무슨 근심이 있겠는가.

옛말에도 이렇게 말했다.

"명아주 먹는 입, 비름 먹는 창자를 가진 자는 얼음같이 맑고 구슬처럼 깨끗한 사람이 많지만, 비단옷 입고 쌀밥 먹는 사람은 종 노릇 시늉도 달게 여긴다. 대체로 뜻은 담박한 것으로써 밝아지고 절조節操는 기름지고 달콤한 맛으로써 상실한다(藜口莧腸者 多冰淸玉潔 袞衣玉食者 甘婢膝奴顔 蓋志以淡泊明 而節從肥甘喪)."

권국 圈局

꿈속의 사람은 천 가지 생각을 하고 만 가지 염려를 하더라도 그 계책함이 꿈 밖에 나오지 못하고, 못 속의 물고기가 천 번 돌고 만 번 돌아도 보는 것은 다만 못 안에 있을 뿐이다. 그것은 테두리와 범위에 국한局限되기 때문이다.

세속의 학자學者들의 깨달음과 지해知解가 모두 비슷하고 뛰어난 안목眼目을 가진 자가 없는 것은, 학문의 범위에 국한되기 때문이다. 국한되지 않는 자는 드물다.

夢中人 千思萬慮 所計不出夢外 池中魚 千週萬廻 所見只在池內 爲其圈套所局 俗學之悟解大同 而無超等之見者 爲學問所局 不局者鮮矣

圈局(권국) : 圈(권)은 테두리 · 범위라는 뜻이고, 局(국)은 국한
局限된다는 뜻이니, 어느 테두리 안에 국한되는 것.
圈套(권투) : 테두리와 범위.
所局(소국) : 국한하는 바. 국한됨.

세속 학자學者들의 깨달음과 아는 것은 모두 비슷하여, 뛰어난 안목을 가진 이가 없다. 그것은 학문의 국한된 지식에 얽매여 있기 때문이다.

사람이 학문을 하게 되어 배우고 읽고 풀이하고 천착하는 사이에 사물의 논리論理를 따지게 된다. 그리하여 온갖 사물에 관해서 자신의 견해에 따라 논리를 전개한다. 자신의 견해와 지식에 따라 논리를 세우기 때문에 자기의 눈에는 그 논리가 아주 조리 정연한 것이 된다. 이렇게 하여 드디어 자신의 세계를 설정하고 범위를 획정하여 그 속에서 칩거蟄居하게 된다. 한번 자신의 세계 속에 칩거하게 되면 그 밖의 것은 보지 못한다. 보려고도, 들으려고도, 생각하려고도 하지 않기 때문에 그 테두리 밖의 일을 알 수 없게 된다. 마치 꿈속의 사람에게 있어 온갖 생각이 꿈 밖을 벗어나지 못하는 것과 같고, 못 속의 물고기가 못 밖의 것을 알지 못하는 것과 같은 것이다.

학문하는 사람 치고 이와 같은 자기 나름의 세계를 고수固守하지 않는 사람은 드물다. 차라리 학문하지 않은 사람이, 겸허하게 남의 말을 들으려 하고, 자신이 지금까지 알고 있던 것 이외의 일에 경이와 찬탄의 눈을 돌리는 것만 못하다. 무학無學한 사람은 아직 물들지 않은 흰 비단 같아서 어떠한 색채도 받아들일 여지가 있기 때문이다. 학문이란 그 흰 비단 위에 무늬와 채색을 그리는 것과 같은 것이다. 한번 채색이 칠하여진 비단에는 다시 다른 채색은 칠해질 여지가 없다. 그러므로 노자老子는, "학문이란 것을 없애 버린다면 인간에게 근심은 없어질 것이다(絕學無憂)."라고 하였다.

　결국 인간의 하찮은 학문이니 지식이니 하는 것이 사람을 제 나름의 테두리 속에 가두어 버린다고 생각한 것이다. 우물 안 개구리는 무한대한 넓은 하늘을 볼 수 없고, 여름에만 사는 쓰르라미는 봄과 가을을 알지 못하는 것과 같은 것이다.

　이런 옛말도 있다.

　　우물 안 개구리 제 세상 크다 하네.
　　여름의 쓰르라미 세월 긴 걸 어이 알랴.
　　井蛙自謂乾坤大 山蟪何知歲月長

난오 難悟

하루를 편안하고 고요하게 지내면 밤의 꿈은 맑고 편안하며, 하루를 바쁘고 어지럽게 보내면 밤의 꿈은 어지럽고 복잡하다. 이것을 미루어 사람 한평생의 선행善行과 악행惡行은 백 겁百劫에 걸친 과보果報의 씨앗이 된다는 것을 알 수 있다.

어째서 그런가. 심식心識이 한번 미혹迷惑하게 되면 개오開悟하기가 매우 어렵기 때문이다. 두렵고 겁나지 않는가.

一日寧靜 夜夢淸安 一日忙亂 夜夢紛雜 是知一生善惡 可爲百劫種子何也 心識一迷 開悟甚難 可不兢懼哉

難悟(난오) : 깨닫기 어려움.

心識(심식) : 심의식心意識과 같은 뜻이니, 心(심)은 온갖 심리 작용을 집합하여 인기引起하는 것이고, 意(의)는 여러 가지 대경對境을 헤아리고 생각하는 것이며, 識(식)은 대경을 밝게 분별하는 작용을 말한다.

開悟(개오) : 지혜가 열려 진리를 깨달음.

 하루 동안을 편안하고 고요한 마음으로 보내면 그 밤의 꿈자리는 반드시 맑고 안온安穩하지만, 하루 동안을 바쁘고 산란한 마음으로 지내면 그날 밤의 꿈은 반드시 뒤숭숭하다는 것을 우리는 경험으로 안다.

 자고 깨는 것은 짧은 꿈이요, 살고 죽는 것은 긴 꿈이다. 사람이 일생 동안 악행惡行을 쌓는다면 반드시 내세來世에 가서 사나운 과보를 받을 것이라는 말은 앞서 얘기한 바 있다. 여기에서는, 우리 인간이 미망迷妄에 한번 빠져 들어가면 좀처럼 거기에서 깨닫고 헤엄쳐 나오기가 어렵다는 것을 말하고 있다. 미로에서 벗어나지 못한다면 삼세육도三世六道의 윤회에서 영원히 악의 인과를 되풀이하게 될 것이니 두려운 일이다. 그러니 금생今生에서 선행善行에 힘쓰라는 것이다.

 옛 시에 이런 것이 있다.

성의관 돌아들어 입덕문 바라보니

크나큰 한길이 넓고도 곧다마는

어찌타 진일盡日 행인이 오도 가도 아닌 게오.

전도 顚倒

아직 꿈꾸기 전에는 꿈속의 자신自身을 보지 못하며, 이미 깬 뒤에도 꿈속의 자신을 보지 못한다.

아직 출생出生하기 전에는 이 몸이 있지 않았으며, 이미 죽은 뒤에도 이 몸은 있지 않다.

그러니 몸이란 것은 필경 없는 것이다.

아직 꿈꾸기 전에 이미 이 마음은 있었으며, 이미 깬 뒤에도 또한 이 마음은 있어서 능히 꿈도 꾸고 능히 깨기도 한다. 아직 나기 전에 이미 이 마음이 있고, 이미 죽은 뒤에도 또한 이 마음이 있어서 능히 살기도 하고 능히 죽기도 하니, 마음이란 것은 필경 있는 것이다.

세상 사람들이 이 마음을 노고勞苦하게 하여 몸을 기르고 있으면서, 이 몸을 닦아서 마음을 기를 줄은 알지 못하니 이것이야말로 거꾸로 되었다고 하겠다.

未夢之前 不見夢中身 已覺之後 不見夢中身 未生之前 無有此身 已死之後 無有此身 身是畢竟無者 未夢之前已有此心 已覺之後 亦有此心而能夢能覺 未生之前 已有此心 已死之後 亦有此心而能生能死 心是畢竟有者 世人勞此心以養身 不知修此身以養心 是可謂顚倒

顚倒(전도) : 거꾸로 됨.
畢竟(필경) : 마침내. 결국.

생사몽각生死夢覺을 통하여 항상 존재하는 것은 마음이다. 사람의 육신肉身이란 것은 살아 있는 동안, 여관에 나그네가 유숙하듯 잠깐 빌어서 깃들이는 껍질일 뿐 마음만이 주인이다. 육신은 마음의 부속물에 지나지 않는다. 그런데 세상 사람들은 신체구복身體口腹, 즉 육신을 기르기 위하여 도리어 노심초사勞心焦思하고 있으니 그것은 주객主客을 전도顚倒한 일이라는 것이다.

순자荀子는, "마음은 형체形體의 임금이다(心者形之君)."라고 하였고, 〈회남자淮南子〉에는, "마음이란 몸의 근본이다(心者身之本也)."라는 말이 있다.

옛 시에도 이런 것이 있다.

번뇌煩惱를 끊어 버리면
몸은 청량 세계에 들고,
영구營求의 생각을 끊어 버리면
마음은 자재의 건곤으로 돌아간다.
煩惱場空 身住淸凉世界
營求念絶 心歸自住乾坤

발영髮影

물여우가 사람의 그림자를 쏘면 사람은 중독되고, 새가 사람의 털을 물고 가면 사람이 꿈에 날게 된다고 한다. 이것으로 빈 것도 또한 나이고, 아무런 심정이 없는 것도 또한 나라는 것을 알 수 있다.

진실로 심정이 없고 빈 것도 또한 나라는 것을 안다면, 실實이란 것은 곧 허虛이고, 허虛라는 것은 실이며, 깨었다는 것은 곧 꿈이고, 꿈이란 것은 깬 것이다. 그러므로 죽고 사는 것이 두 가지가 아니고 물物과 아我가 곧 하나인 것이다.

성性이 정情이 아님을 알겠다. 그러므로 물物은 성性을 갖추었다는 것을 안다.

蜮射影而中毒 鳥啣髮而夢飛 是知虛者亦我 無情者亦我 苟知 無情而 虛者亦我 則實者卽虛 虛者卽實 寤者卽夢 夢者卽寤

而死生非二 物我卽一 知性非情 故知物俱性

髮影(발영) : 털과 그림자.

蜮射影(역사영) : 물여우〔蜮〕는 날도래과에 속하는 곤충의 유충인데, 물속에서 사람의 그림자가 물에 비칠 때 이 물여우가 입에 모래를 머금어 그림자를 쏘면 사람이 죽는다는 얘기가 있다.

虛者亦我(허자역아) : 여기에서는, 사람의 그림자는 빈 것인데 그 그림자를 물여우가 쏘면 사람이 죽는다고 하니 빈 그림자도 또한 나〔我〕라고 말한 것.

無情者亦我(무정자역아) : 여기에서는, 사람의 모발毛髮은 아무런 감정感情도 없는 것인데 그것을 새가 물고 가면 사람이 나는 꿈을 꾼다고 하니, 감정이 없는 털도 또한 '나'라고 말한 것.

物我(물아) : 남과 나. 천지만물과 나.

性(성) : ① 사물의 본체本體. ② 나면서부터 가진 본연의 성품. ③ 불변불개不變不改의 성질.

情(정) : 감정感情. 외물外物에 끌려 일으키는 고락호오苦樂好惡를 느끼는 마음.

性非情(성비정) : 성은 불변불개하는 본연의 성질이고, 정은 외물에 끌려 일어나는 느낌이므로 항상 변하고 바뀌는 것이니, 성性과 정情은 다른 것.

 물여우가 사람의 그림자를 쏘면 사람이 죽게 되고, 새가 사람의 털을 물고 가면 그 사람은 꿈에 날아다니게 된다는 전설이 있다.
 그렇다면 그림자라는 것은 허상虛像일 뿐인데 그것을 쏜다고 사람이 중독中毒된다는 것을 보면 허상도 또한 '나'인 것을 알 수 있고, 머리카락이란 것은 아무런 감정이 있는 것도 아닌데, 그것을 새가 물고 가면 그 머리카락의 주인인 사람이 나는 꿈을 꾼다는 것을 보면, 아무런 감정을 갖지 않은 물건 역시 '나'라는 것을 알 수 있다는 것이다. 여기에서 월창 거사는, 이렇게 허상도 감정이 없는 것도 다 나라면 이것은 허虛가 곧 실實이며, 실이 곧 허인 것이다. 그렇다면 깬 것도 바로 꿈꾸는 것이고, 꿈꾼다는 것도 바로 깬 것이다. 또한 사死와 생生도 두 가지가 아니며, 물物과 '나'는 곧 하나라는 것을 알 수 있다는 것이다. 그러니 거기에는 생사몽각生死夢覺을 초월한 불멸불변不滅不變의 것이 있다는 것을 알 수 있고, 이 불멸불변의 것을 성性이라고 한다면 모든 물物은 다 성性을 지니고 있다는 것 또한 알 수 있다는 것이다.

어조魚鳥

새그물에 걸린 새는 스스로 제 발을 움켜쥐고 죽을 때까지 펴지 않으며, 그물에 걸린 물고기는 스스로 제 주둥이를 그물눈에 꽂고는 죽을 때까지 물러나지 않는다.

세상 사람들 중의 어리석은 자는 잡으면 버릴 줄 모르고, 나아가면 물러날 줄 모른다. 현명하다는 사람은 아는 것을 고수固守하여 돌려 생각할 줄 모르며, 있는 것을 잡고 놓지 않는다. 그러니 어찌 물고기와 새의 어리석음을 웃을 수 있겠는가.

대체로 인물人物이 생生을 받으면 집념執念한 것을 지식이라 하고, 있는 것을 몸이라고 하여, 환상幻像과 꿈의 경지境地를 헤매면서 항상 습기習氣의 구사驅使하는 바 된다. 진실로 깊이 반성하지 않으면 누가 능히 간파看破할 수 있겠는가.

罥羅之鳥 自拳其足 致死不舒 觸罟知魚 自挿其嘴 至死不退 世人之愚者 執不知捨 進不知退 賢者守識不回 執有不釋 何笑於魚鳥之愚 蓋人物受生 執而爲識 有而爲身 游於幻夢之域 恒爲習氣所使 苟不猛省 孰能覷破

魚鳥(어조) : 물고기와 새.
罥羅之鳥(견라지조) : 새그물에 얽힌 새.
自拳其足(자권기족) : 제 발로 움켜쥠.
觸罟知魚(촉고지어) : 그물에 걸린 물고기.
自挿其嘴(자삽기취) : 스스로 제 주둥이를 그물눈에 꽂음.
習氣(습기) : 버릇. 습관.
覷破(처파) : 간파看破. 보아서 속을 확실히 알아냄.

 사람이 사물에 집착하기 때문에 깨닫지 못한다는 것을 말하고 있다. 그것은 마치 새그물에 발이 얽힌 새는 스스로 제 발을 움켜쥐고 놓지 않는 것 같고, 그물에 걸린 물고기가 스스로 제 주둥이를 그물눈에 박고는 벗어날 줄 모르는 것과 같다는 것이다.
 어리석은 사람은 어리석은 대로 잡으면 놓을 줄 모르고, 나아

가면 물러설 줄 모른다. 현명한 사람은 현명한 대로 자신의 하찮은 지식知識을 고수하여 머리를 돌려 살펴보려고 하지 않고, 있는 것을 잡고는 놓지 않는다. 그러니 사람이 어떻게 물고기나 새의 어리석음을 웃을 수 있겠는가.

사람들은 그렇게 자기의 지식을 고집하고 현존하는 몸을 자아自我라고 생각하여, 환상幻像과 꿈에 불과한 인생을 아득하게 헤매고 있으면서 항상 자신이 쌓은 습관의 타성惰性에 구사驅使되고 있을 뿐이라는 것이다.

인생을 크게 깨닫지 못하게 하는 것은 집착執着 때문인 것이다. 한번 뛰어난 용기로써 깊이 반성해야 할 것이다. 반성하지 않고 항상 습관의 타성에만 끌려 다닌다면, 누가 인생의 미망迷妄과 미망의 저편에 있는 무한대한 깨달음의 세계를 바로 볼 수 있겠는가라고 말하고 있다.

옛 시에 이런 것이 있다.

> 중생들은 집착이 많아
> 까닭에 밝게 깨달음이 없다네.
>
> 衆生多執着 是故無明悟

> 솔 아래 아이들아 네 어른 어디 갔뇨.
> 약 캐러 갔으니 하마 돌아오련마는

산중에 구름이 깊으니

간 곳 몰라 하노라.

松下問童子 言師採藥去

只在此山中 雲深不知處

명기 名氣

물욕이 사람의 마음을 아득하게 만드는 것은 소경이니 애꾸눈보다 심하고, 탐애貪愛함이 마음에 점착粘着하는 것은 아교풀이나 칠漆보다도 심하다.

파리는 끓는 국물에 달려들며, 벌은 꿀에 달려들어 빠지고 잠기는 것을 깨닫지 못한다.

사람들은 다만 물욕이란 경계해야 한다는 것을 알고 있을 뿐이고, 이름이니 평판이니 하는 것에는 되풀이 달라붙어서 철저하게 깨닫지 못한다. 세상에서 소위 고인高人·달사達士라고 하는 사람 치고, 능히 명기名氣의 꿈에서 벗어나는 사람은 드물다.

物欲之迷心 甚於盲瞎 貪愛之粘心 甚於膠漆 蒼蠅赴湯 黃蜂投蜜 至於沉溺而不悟 人徒知物欲之可戒 若名若氣之展轉粘着 不能透徹 世所謂高人達士 鮮能跳出於名氣之夢

名氣(명기) : 명성名聲. 평판評判.

迷心(미심) : 마음을 미혹迷惑하게 함.

盲瞎(맹할) : 소경과 애꾸눈.

貪愛(탐애) : 지나치게 사랑함. 탐하고 사랑함.

粘心(점심) : 마음에 점착粘着함. 마음에 달라붙음.

膠漆(교칠) : 아교풀과 칠漆.

展轉(전전) : 되풀이하여. 반복하여.

透徹(투철) : 깊이 꿰뚫어 앎. 철저하게 깨달음.

高人達士(고인달사) : 마음이 고상한 사람과 사리事理에 통달한 선비.

跳出(도출) : 뛰어나옴. 테두리 밖으로 뛰어나옴.

　물욕物慾이 세상 사람들의 눈을 혼미昏迷하게 만드는 것은 소경이나 애꾸눈보다도 더하다. 소경에게는 오히려 맑은 마음의 눈[心眼]이 있을 수 있고, 애꾸눈은 오히려 외눈이 남아 있지만, 물욕에 눈이 어두워지면 온 세상에 보이는 것이 오직 물욕뿐, 그 밖의 어떤 것도 보이지 않는다는 것이다.

　옛날부터 물욕 때문에 몸을 그르치고 집안을 망치고 나라를 해치게 한 사례事例는 얼마든지 있다.

물욕은 그 미치는 폐해가 너무나 크기 때문에 사람들은 그것을 조심해야 한다고 생각한다. 그러나 명성이니 평판이니 하는 것에 대한 애착이, 물이 스며들듯 사람의 마음을 침식해 오는 것은 경계할 줄 모른다. 명성을 얻고자 하는 욕망도 결국은 재물을 탐내고 여색에 침닉沈溺하는 욕망과 무엇이 다르겠는가. 세상에서 소위 고상한 인격자니 사물의 도리에 통달한 선비니 하는 사람 치고, 이 명예욕名譽欲에서 초연히 벗어난 사람은 거의 없다. 이 명예란 것이 하나의 환상이며 한 조각 뜬구름 같은 것임을 깨닫지 못하고 있으니 그들이 어찌 인생의 큰 꿈을 깰 수 있겠는가.

옛 시에도 이런 것이 있다.

> 마음이 비면 일은 저절로 빈다.
> 뿌리를 뽑으면 풀은 나지 않는 것과 같다.
> 세상을 도피하면서 명예에서 도피하지 않는 것은
> 고기 냄새를 남긴 것 같아서 파리 떼가 다시 모여드는 것과 같다.
>
> 了心自了事 猶根拔而草不生
> 逃世不逃名 似羶存而蚋還集

노애 怒愛

사랑이란 것은 물과 같은 것이다. 물의 성질은 윤택하고 아래로 내려간다. 오래되면 점점 스며들어 젖게 만든다.

성낸다는 것은 불과 같은 것이다. 불의 성질은 불꽃이 위로 올라가는 것이다. 그러므로 한번 일어나면 곧 찌는 듯 뜨거워진다. 그것으로 인유하여 기氣는 요란하게 되고 정신은 아득하게 되며 현기를 일으킨다. 심하면 안정眼睛이 벌겋게 열熱이 오르고 사지와 온몸이 떨린다. 경각頃刻에 기분과 마음이 변하고 옮겨, 미처 깊이 생각할 겨를이 없게 된다. 성낸 불길이 일어나기 쉽고 제어하기 어려운 것이다.

성내는 것은 얼굴에 드러나기 때문에 보기 쉽고 알기 쉽다. 그러나 사랑한다는 것은 은미隱微하여 보기도 어렵고 알기도 어렵다.

성낸다는 것은 포학暴虐에 가깝기 때문에 뉘우치기 쉽고 고치기도 쉽다. 그러나 사랑한다는 것은 친화親和에 가깝기 때문에 잠깐 감염되면 점점 깊어진다. 인순因循하여 반성反省하지 않으면 오랠수록 더욱 미혹하게 된다. 사랑의 물에는 빠지기 쉽고 깨닫기는 어렵다. 버릇을 이루고 악업惡業을 만드는 것은 다 이것에 근본한다.

어떻게 그런 줄 아는가. 꿈의 환상幻像은 평소의 성내고 사랑하고 하는 생각으로부터 생기는 것이 많기 때문이다.

> 愛者水也 水性潤下 久漸浸漬 怒者火也 水性炎上 一發薰蒸
> 夫氣爲之擾亂 神爲之昏眩 甚則眼睛紅熱 肢體戰慄 頃刻遷變
> 未及商量者 怒火之易發難制 怒者有相 易見易知 愛者隱微
> 難見難知 怒者近於虐 易悔易改 愛者近於和 暫染漸深 因循
> 不省 久盆迷或者 愛水之易溺難悟 成習造業 皆本於此 何以
> 知之 夢幻多從怒愛上做成

怒愛(노애) : 성냄과 사랑함.

潤下(윤하) : 윤택하고 아래로 내려감.

久漸浸漬(구점침지) : 오래될수록 점점 스며들어 적심.

一發薰蒸(일발훈증) : 한번 일어나면 당장에 뜨겁게 찌는 듯이 사람에게 영향력을 미치는 것.

擾亂(요란) : 흔들리고 혼란함.

昏眩(혼현) : 혼미昏迷하고 현기眩氣가 일어남.

眼睛(안정) : 눈동자.

肢體戰慄(지체전율) : 사지四肢와 온몸이 떨림.

商量(상량) : 깊이 생각함.

有相(유상) : 얼굴에 드러남.

虐(학) : 포학暴虐함.

因循(인순) : 옛 버릇을 지키고 고치지 않음.

造業(조업) : 죄업罪業을 지음.

夢幻(몽환) : 꿈속에 보이는 환상幻像.

　사랑한다, 성낸다 하는 일이 가장 사람의 마음을 미혹하게 만들고 혼란하게 만든다.

　성낸다는 것은 감정의 갑작스런 폭발이다. 마치 화약에 불을 붙임과 같아서 앞뒤를 살필 겨를이 없게 된다. 순식간에 일어나는 마음의 급격한 변화이다. 그러므로 이 순간, 사람은 이성理性을 상실하는 경우가 많다. 그래서 예전부터 분사난憤思難이니 인지위덕忍之爲德이니 하여 성내는 일을 매우 경계한다. 하지만 성낸다는 일은 언제나 갑자기 일어나게 마련이므로, 평소에 인간만사를 고요히 웃으며 생각할 수 있는, 여유 있고 초탈超脫한 수양을 쌓은 이가 아니면 이것을 스스로 제어하기가 어렵다. 그러나 이렇게 순간적으로 일어난 폭발이기 때문에 그 순간이 지나가면 곧 평정을 회복할 수 있고, 그러므로 후회도 하고 후회하게 되면 앞으로 고치게도 된다.

 사랑한다는 것은 그와는 다르다. 사랑하는 감정은 봄바람처럼 따사롭고 정다우며 아편처럼 사람을 마취시킨다. 여기에 한 번 빠지면 점점 깊어져 가게 마련이고 오래면 오랠수록 더욱더 깊게 빠져 들어간다. 마치 수렁에 빠진 발이 점점 깊은 데로 빨려 들어감과 같다. 사람의 애욕愛慾이 사람의 정신을 미혹 속으로 빠뜨리는 마력魔力은 성냄보다 몇 배나 더 크다.

 인간은 이렇게 성내고 미워하며 또 사랑하곤 하는 일 때문에 숱한 죄업罪業을 저지르게 되는 것이다. 그것은 우리가 우리의 꿈으로 미루어 알 수 있다. 우리의 꿈이란, 평소의 성내는 일이며 사랑하는 일들이 환상幻像으로 나타나는 것이 많기 때문이다.

 결국 살고 죽는 것은 긴 꿈이다. 이생에서 성내고 사랑하곤 하던 미혹이, 내세에서도 지금 우리가 꿈꾸듯 나타날 것이라고 경계한 말이다.

 이런 옛 시가 있다.

봄이 스스로 찾아오면 맞이하고, 스스로 돌아가면 보낼 뿐이네. 흐리면 흐린 대로 개면 갠 대로 좋다, 무엇을 사랑하고 또 미워하랴.

春自往來人送迎 愛憎何事別陰晴

품수 稟殊

음陰과 양陽은 기氣가 달라서 그윽함과 드러남이 같지 않다. 물형物形을 어떤 것은 볼 수 없는 것이 있고 시력視力이 혹은 미치지 못하는 곳이 있다.

닭의 눈은 낮에는 밝고 밤에는 어두우며, 올빼미 눈은 밤에는 밝고 낮에는 어둡다. 이것은 보는 것이 서로 같지 않은 바이다.

새는 공중을 날거나 물에 떠다닐 수 있으며 짐승은 땅 위를 달린다. 물고기는 물속에 잠기고 새와 짐승은 육지에 산다. 이것은 사는 것이 서로 다른 바이다. 더군다나 기氣가 다르고 품수稟受가 달라서 맑고 탁함이 유사類似하지 않은 것은 이理로써 알아낼 수는 있으나 정情으로써 찾을 수는 없다.

깬 사람은 꿈속의 물건을 볼 수 없고, 꿈속의 사람은 깬 때의 물건을 볼 수 없다. 자신의 혼백魂魄도 오히려 서로 닿지 못하는 것이 있는데, 하물며 범상한 정식情識으로써 능히 우주의 미묘한 이기理氣의 이치를 다 알 수 있겠는가.

陰陽殊氣 幽顯不同 物形或有不可見者 眼力或有所不及處 鷄
晝明而夜暗 梟夜明而晝暗 是所見不相同 禽可浮游而獸則馳
走 鱗介潛水而羽毛處陸 是所居不相及 況異氣殊稟 淸濁不類
可以理致 難以情求 寤人不見夢中物 夢人不見寤中物 自己魂
魄 猶有不相及 況以凡情 盡微妙理氣哉

稟殊(품수) : 타고난 품부稟賦가 다름. 천품天稟이 다름.
陰陽殊氣(음양수기) : 음기陰氣와 양기陽氣는 서로 다름. 가령
　　낮 기운은 밝고 따뜻하며 밤 기운은 어둡고 찬 것과 같은
　　따위.
鱗介(인개) : 물고기와 조개.
羽毛(우모) : 새와 짐승.

　범인凡人의 감정과 지식으로는 우주만유宇宙萬有의 미묘한 본
체와 작용을 다 알 수 없다는 것이다.
　새는 날아다니고 짐승은 달리며 물고기는 물속에 잠긴다. 새
와 짐승은 뭍에 살고 물고기와 조개는 물속에 산다. 또 닭은 밤
눈이 어둡고 올빼미는 밤눈이 밝다. 생태와 생리가 서로 각기

다르다. 이렇게 그들은 제각기의 개성을 지니고 제각기의 삶을 영위하고 있다. 그 어느 것이 더 좋고 나쁘다고 간단히 평정할 수 없는 일이다.

  우주의 모든 것은 음과 양의 작용을 벗어날 수 없다고 한다. 음과 양은 그 기氣가 서로 다르다. 양은 드러나고 음은 그윽하다. 그렇기 때문에 어떤 것은 볼 수 없고 어떤 것은 시력이 미치지 못한다. 깨어 있는 때를 양이라고 하면 꿈꾸는 때는 음이다. 같은 한 몸뚱이에 깃들인 사람의 마음이건마는, 깨었을 때에는 꿈속의 물건을 볼 수 없고 꿈꿀 때에는 깬 뒤의 물건을 보지 못한다. 자기 자신 속에 간직한 음양 변화도 일관하여 통찰할 능력이 사람에게는 없다. 어찌 우주만유의 이치를 안다고 말할 수 있겠느냐고 말한 것이다.

    정운령停雲嶺 바라보니 천중天中에 뚜렷하구나.
    척피최외陟彼崔嵬하면 오운봉래五雲蓬萊 보련마는
    병목病目에 눈물이 어려 바라보기 아득하다.

오인誤認

잠자면서 듣고 본 것은 간혹 오인誤認하는 것이 많다. 그런 것이 꿈속에서 그냥 환경幻境을 이루었다가 깨어서 생각하면 내 마음 같지 않다.

세상 사람들이 음란한 음악을 듣고는 즐겁다 하며, 아첨하고 아양을 부리는 여색女色을 보고는 사랑스럽다고 말한다. 그러다가 낭패함에 이르러서야 비로소 그 잘못 안 것을 후회한다.

도무지 모를 일이다. 이미 그 전일의 마음이 거짓임을 깨달았다면 어찌 오늘의 마음을 과연 참이라고 보장할 수 있겠는가. 평등심平等心을 가지고 살펴본다면 전일의 마음이나 오늘의 마음이 다 꿈속의 심정心情일 뿐이다.

睡中聞見 或多誤認 而夢中仍成幻境 覺而思之 似非我心 殊不知 世人淫靡之聲 而謂可樂 見諂佞之色 而謂可愛 乃至狼

狼 悔其誤認 旣悟其曩日之心是僞 則惡知今日之心果眞 以平
等心觀之 昨今之心皆是夢情

誤認(오인) : 잘못 앎. 잘못 인정認定함.

殊不知(수부지) : 도무지 알지 못함. 전연 알지 못함.

淫靡之聲(음미지성) : 음란하고 사치스러운 음악.

諂佞之色(첨녕지색) : 매우 아첨하고 아양을 부리는 여색女色.

狼狽(낭패) : 몹시 딱한 형편을 당함.

曩日(향일) : 전일. 지난날.

平等心(평등심) : 불교 용어로, 일체一切 법法의 평등한 이치를
　　　　증득證得하고 모든 중생에게 대하여 원수다, 친하다, 사랑한
　　　　다, 미워한다 등의 온갖 차별하는 견해를 일으키지 않고 평
　　　　등하게 여기는 마음.

우리들이 잠결에 듣고 본 것을 잘못 인식한 채 그 마음이 꿈
속의 환경幻境을 이루는 일이 있다. 그러다가 깨 보면 내 마음
이 아니었다는 것을 알게 된다.

이런 일은 꿈속에만 있는 것은 아니다. 이 세상 사람들이 인
생을 살아가는 동안에 가끔 후회하는 일이 있다. 후회할 때에는

그 전의 마음은 자신의 참마음이 아니었음을 깨닫게 된다. 그러나 그 전일의 마음이 자기의 참마음이 아니라고 깨닫는다면, 오늘의 마음도 뒷날에 가서 보면 참마음이 아닌 것이 되지 않는다고 어떻게 보장할 수 있겠는가.

  원래 인생이란 하나의 긴 꿈인 것이다. 잘못이다, 아니다, 거짓이다, 참이다 하고 생각하지만, 그것이 '인생이라는 꿈'의 테두리를 벗어나지 못한 것이라면 결국은 모두가 꿈일 수밖에 없다. 생사 몽각生死夢覺을 초월한 크게 깨달은 눈으로 본다면, 그러한 인생의 사고와 감정·의식은 환상일 뿐이라는 것이다. 옛 시에 이런 것이 있다.

> 본래 단 하나의 물物도 없다.
> 그러니 떨어 버려야 할 티끌도 없는 것이다.
> 만일 이 뜻을 사무쳐 안다면
> 구태여 좌선坐禪할 이유 없느니라.
> 本來無一物 亦無塵可拂
> 若能了達此 不用坐兀兀

독지 獨知

　마음이 공명에 취한 자는 경영하는 것이 공명을 위한 것 아님이 없고, 재예才藝에 매혹魅惑된 자는 기량이 재예를 위한 것 아님이 없다. 그러다가 그 취한 것이 깨고, 미혹된 것을 깨닫게 되면, 전일의 일을 회고回顧할 때에 어리둥절함이 꿈과 같은 것이다.

　저 지혜 있는 사람은 스스로 성품이 혼미昏迷하지 않아서, 고금古今을 살피고 물정物情을 잘 관찰하면 곧 스스로 깨달을 수 있다. 그러므로 생각〔念〕을 잡아당겨서 마음에 돌리고, 아는 것〔識〕을 전환轉換하여 지혜〔智〕로 만든다.

　일과 함께 지내지만 일에 구애되지 않고, 세속에 살면서 세속에 물들지 않는다. 비유하면 남과 함께 잠을 자지만 꿈은 홀로 스스로 아는 것과 같은 것이다.

醉心功名者 經營莫非功名 或好才藝者 伎倆莫非才藝 及其醉者醒 惑者悟 則顧念曩日 怳然如夢 夫智人 自性不迷 鑑古今 琓物情 卽可自悟 是以攝念歸心 轉識爲智 同於事而不拘於事 居於俗而不染於俗 譬如與人共睡而夢獨自知

獨知(독지) : 홀로 알고 있음.
經營(경영) : 계획을 세워 일을 해 가는 것.
或好(혹호) : 매혹하여 좋아함.
才藝(재예) : 재능과 기예技藝.
伎倆(기량) : 지혜와 계책.
曩日(낭일) : 전일. 전날.
怳然(황연) : 마음이 흐리멍텅해 있는 모양.
自性不迷(자성불미) : 자신의 타고난 성품이 혼미昏迷하지 아니함. 즉 총명함.
攝念歸心(섭념귀심) : 心(심)이란 몸과 뜻을 통합하여 생활을 지속하는 작용의 본체本體, 念(염)은 항상 생각하는 것이니, 집념執念을 제멋대로 달아나지 못하게 잡아당겨서 본체인 마음에 귀일歸一시킨다는 말. 즉 생각하는 것이 본체인 마음〔心〕에 어긋나지 않게 한다는 뜻.

轉識爲智(전식위지) : 안다는 것을 지혜로 발전시킴. 즉 안다는 것을 안다는 것에 버려 두지 않고, 그것이 참된 지혜가 되도록 발전시킨다는 뜻.
同於事而不拘於事(동어사이불구어사) : 어떤 일을 하고 있더라도 그 일에 얽매이지 않음.

도도한 세상 사람들, 모두가 공명功名에 심취하였거나 재예才藝에 매혹되어 있다. 그들은 경영하는 것, 지혜를 바치고 계책을 세우는 것 모두를 그 공명과 기예를 위하여 제공하고 있다.

그러나 그 공명에 취했던 꿈이 깨어지고 기예에 미혹했던 마음에서 깨어나 회고해 보면, 지금까지의 일이 꿈꾼 것처럼 헛된 것임을 알게 된다.

그러한 중생들 가운데서 진정 지혜 있는 사람이 있어서 자신의 본래 타고난 성품이 혼미昏迷하지 않은 위에, 옛일과 지금의 일을 거울에 비춰 보듯 밝게 살피고, 또 세상의 물정을 고루 살펴본다면 곧 스스로 깨달을 수 있게 될 것이다.

한번 깨닫게 되면 세상사에 대한 집념執念을 심신의 본체인 마음(心)에 돌려보내며, 모두 정시情識을 참된 지혜로 전환시킨다. 그러한 경지에 도달하면, 세상의 어떤 일을 하고 있을지라도 그 일에 구속되지 않는다. 가령 기예技藝의 일을 할지라도 기예에 미혹되지 않고 또 세속 속에 살면서도 세속에 물들지 않으며, 벼슬이나 사업에 관여할지라도 공명에 연연戀戀하지 않는다. 그런 사람이 바로 도도한 세상 사람들 가운데서 홀로 아는 사람이라는 것이다.

 옛 시에 이런 것이 있다.

   사람의 몸이란 무상한 것임을 간파한다면
   온갖 속된 인연이 저절로 그치고,
   무념무상의 경지에 깨달아 들어가면
   한 덩이 둥근 마음의 달이 홀로 밝으리라.
   看破有盡身軀 萬境之塵緣自息
   悟入無懷境界 一輪之心月獨明

무아 無我

사람들이 다 '나'라고 말한다. 나라는 것은 도대체 무엇인가?

몸뚱이를 나라고 한다면 꿈속의 나는 몸뚱이가 아니다. 정식情識을 나라고 한다면 그 정식이 변할 때에는 무엇으로써 나라고 하는가. 듣고 보는 것으로써 나라고 하는가. 그렇다면 소리를 들을 때의 눈[眼]은 누구이며 빛을 볼 때의 귀[耳]는 누구인가.

비록 그러하나, 뚜렷이 홀로 밝고 육체의 사역使役이 되지 않는 것이 그 가운데에 존재하여, 두드리면 곧 응답應答한다.

알지 못하는 자는 몇 겁劫을 지나도 만나지 못하지만, 아는 자에게는 항상 나타나 그 앞에 있다. 더 어려울 수 없이 어려운 것이 이 길이고, 더 쉬울 수 없이 쉬운 것이 이 길이다. 세상 사람들은 어째서 쉬운 것을 하지 않고 스스로 어려운 것을 하는 것일까.

人皆曰我 我是甚麽 以軀殼爲我 夢中之我非軀殼也 以情識爲我 遷變時 以何爲我 以見聞爲我 聞聲時 眼是誰 見色時 耳是誰 雖然歷歷孤明 勿形役者存乎其中 叩之卽應 不知者 歷劫不遇 知之者 常現在前 難莫難於此道 易莫易於此道 世人胡不爲易 而自以爲難

無我(무아) : 여기에서는 불교 용어로, 인간과 만물萬物은 영원불변永遠不變의 고정적 실체實體가 아니며, 일체一切의 것은 각각 일정한 인연으로 성립된 것으로서, 그 인연이 멸滅하면 모든 것은 각각 변한다. 그러므로 '나'라는 것은 존재하지 않는다고 한 것.

甚麽(심마) : ① 무엇. ② 어느. 어떤.

軀殼(구각) : 신체身體. 몸. 殼(각)은 껍질이라는 뜻이니, 정신에 대한 뜻.

孤明(고명) : 외롭게 밝음. 홀로 밝음.

形役(형역) : 육체를 위하여 정신을 사역使役함. 육체에게 부림을 당함. 원래 이 책의 대본에는 '形段'으로 되어 있으나 '形役'의 오기誤記인 듯하다.

세상 사람들은 모두 나라고 말한다. 모든 것에 '나'를 내세운다. 모든 것을 나 중심으로 하려고 한다. 나라는 것을 가장 소중하게 여긴다.

그렇다면 그 '나'라는 것은 도대체 무엇인가. 만일 사람의 몸뚱이를 나라고 한다면 꿈속에 나타나는 나는 몸뚱이는 아닌 것이다. 사람의 정식情識을 가지고 나라고 한다면 그 정식이 변하고 바뀌는 경우에는 무엇을 나라고 하겠는가. 지금까지 나라고 믿어 오던 것이 갑자기 내가 아닌 것으로 변한다. 그러면 그동안의 나는 거짓 나인가. 정식이 바뀐 뒤의 나와 전일의 나와는 딴 나인가. 보는 것이 나라면 귀는 누구이며, 듣는 것이 나라면 눈은 누구인가. 어디에도 깊이 찾아보면 나는 실존實存하지 않는다.

그러나 그 중에 무엇인가 분명히 홀로 밝은 빛을 내며 육체의 부림을 당하지 않는 것이 존재한다. 두드리면, 누구나 두드리면 응대應待하는 것이 있다. 하지만 그 존재를 모르는 자는 몇 겁劫을 지날지라도 만날 수가 없다. 오직 그 존재를 아는 자만이 언제나 그와 함께 있다고 하였다. 그러나 그것이 무엇이라고 명시明示하지는 않고, 다만 쉽기가 이보다 더 쉬운 길은 없으며, 또 어렵기가 이보다 더 어려운 길도 없다. 그런데 사람들은 쉬운 길을 버리고 어려운 길에서 고민하고 있다고 탄식할 뿐이다.

그렇다면 그 쉽고도 역력고명歷歷孤明한 존재는 과연 무엇일까. 우리 각자가 생각해 보기로 하자.

옛 시에 이런 것들이 있다.

    이理를 깨달으니 나〔我〕 없음을 알겠고
    공空을 보니 형체 있는 것 싫어진다.
    會理知無我 觀空厭有形

    고요한 밤의 종소리를 듣고
    꿈속의 꿈을 깨고
    맑은 못의 달 그림자를 보고
    몸 밖의 몸을 엿본다.
    聽靜夜之鐘聲 喚醒夢中之夢
    觀澄潭之月影 窺見身外之身

인영 印影

소년 시절에 본 것으로서 잊은 지 이미 오랜 것이, 홀연히 노년 老年의 꿈속에 나타나는 경우가 있다.

이것은 무슨 까닭인가? 마치 물소의 뿔에 도장을 새겨 놓은 것 같아서 물소는 이미 죽었으나 인영 印影은 오히려 남아 있는 것과 같다. 그런 까닭에 배우는 자는 그 받아들이는 것을 신중히 해야 한다.

대체로 대경 對境에 마음을 두지 않음을 거울에 물형이 비치는 것처럼 하여, 다만 나타나는 것을 보여 주는 데에 그친다면, 물物이 어찌 나를 얽어매어서 나의 가슴에 머물고 나의 꿈에 들어올 수 있겠는가.

少時所見 忘之已久 忽入於老年夢中 是何故 如影印角 犀已死而影猶存矣 是以學者愼其所受 夫對境無心 如鏡照物 但示

現而已 則物何能累我而 留吾胸入吾夢哉

印影(인영) : 그림자를 찍음. 변하여 도장을 찍은 흔적.

影印(영인) : 도장을 찍음.

對境(대경) : 인식 작용의 대상.

但示現而已(단시현이이) : 다만 나타나는 것을 보여 줄 뿐이라는 뜻. 즉 거울은 어떤 것이든 나타나면 그대로 받아들여 보여 준다. 그러나 거울은 대상이 사라지면 나타난 영상도 사라지고 아무것도 남지 않는다. 그러한 상태를 말한 것.

累我(누아) : 나를 얽어맴. 나를 속박함.

　집착執着을 갖지 말라는 것을 말하고 있다. 인간만사는 다 가상假相에 불과한 것이며 몽환夢幻일 뿐이다. 그렇건만 사람들은 그것에 집착한다. 마음에 새기고 가슴에 간직한다. 그것은 마치 물소뿔에 도장을 찍어 놓으면, 물소는 죽어도 그 도장은 남는 것과 같은 것이다. 그러하기에, 소년 시절에 본 것으로서 이미 오랫동안 잊었던 것이 노년의 꿈속에 홀연히 나타나게 되는 것은, 그때 이미 소년의 마음에 도장이 찍힌 것으로, 자신은 이미 잊은 것 같았지만 실은 가슴 한구석에 자리잡고 있었던 것이다.

인간 세상의 그 숱한 욕망과 경험과, 사랑하고 미워하고, 기뻐하고 슬퍼하던 일을 하나하나 가슴에 새겨 간다면, 그 가슴은 낙서落書로 가득 채워진, 어지럽고 더럽혀진 헌 종이쪽 같을 것이다. 그 어디에 맑고 고요한 심경心境이 존재할 수 있겠는가. 그러니 세상의 모든 인식의 대상에 대하여, 맑은 거울에 물체가 비치듯 그야말로 명경지수明鏡止水 같은 심경을 가지라는 것이다. 맑은 거울이나 고요한 수면에는 무엇이나 거부됨이 없이 비친다. 오면 비치고 가면 사라진다.

　이러한 명경지수의 마음을 갖는다면 세상의 어떠한 사물도 나를 얽매거나 꽉 잡고 늘어지지는 못할 것이다. 또한 내 가슴에 머물러 있다가 꿈속에 나타나는 일은 없을 것이다.

　여기 그런 심경을 노래한 시 한 수를 옮긴다.

　　　서호의 봄 물빛 쪽보다도 푸르구나.
　　　흰 갈매기 두세 마리 또렷이 보이더니
　　　노 젓는 한 소리에 백로는 날아가고
　　　석양의 산빛만이 빈 못에 가득하네.
　　　西湖春水碧於藍　白鳥分明見兩三
　　　撓櫓一聲飛去盡　夕陽山色滿空潭

화소 畫塑

그림 속의 미인美人은 사랑스럽기는 하나 정情을 붙일 만한 것은 못 되고, 빚어 놓은 인상人像은 그 위의威儀가 공경할 만하지만 무서워하지는 않는다. 꿈속의 번화繁華는 생각할 수는 있으나 그것을 추모追慕하려고 하지는 않는다. 그것이 참이 아닌 것을 알기 때문에 진정眞情이 움직이지 않는 것이다. 진정이 움직이지 않기 때문에 머리만 돌리면 곧 잊어버린다.

모든 세상일에 있어서 어느 것에나 수응隨應하지 않음이 없으나, 그 모든 사물事物을 그림이나 소상塑像이나 꿈이나 환상幻像을 보는 것과 같이 한다면, 그 사물이 어찌 나의 마음에 새겨질 수 있겠는가.

그렇건만 처음에는 그것을 마음에 받아들이고 마침내는 가슴에 감염感染하여 살아 있는 동안에는 꿈을 꾸게 되어, 죽어서는 업식業識이 되어, 몇 겁劫을 지나도록 되풀이하면서 능히 거기에서 해탈解脫하지 못한다. 다 내가 스스로 그렇게 만든 것이고,

물物의 허물은 아니다.

畫中美艶可愛而不足寄情 塑像威儀可敬而不可爲慴 夢裏繁華可想而 不肎追慕 知其非眞 故眞情不動 眞情不動 故回頭卽忘 其於世事 非不隨應 而視如畫塑夢幻 其物何能印吾心哉 始焉受之 終焉染之 生爲夢兆 死作業識 歷劫展轉 莫能解脫 皆吾自取 非物之咎

畫塑(화소) : 그림과 소상塑像.

美艶(미염) : 아름답고 고움. 여기서는 미인美人의 뜻으로 쓰고 있음.

寄情(기정) : 정을 붙임. 애정을 느낌.

塑像(소상) : 흙 따위로 빚어 놓은 인상人像.

慴(섭) : 두려워함. 겁냄.

繁華(번화) : 번성하고 화려함.

不肎(불긍) : 不肯(불긍)과 같으니 즐겨 하지 않음의 뜻.

回頭卽忘(회두즉망) : 머리를 돌리면 곧 잊음. 마음에 담아 두지 않음.

隨應(수응) : 따라서 응대應待함. 오는 대로 응대함.

夢兆(몽조) : 꿈자리. 꿈. 꿈에 나타나는 길흉吉凶의 징조.

業識(업식) : 불교 용어로 오의五意, 즉 업식業識 · 전식轉識 · 현식現識 · 지식智識 · 상속식相續識의 하나. 業(업)은 동작하는 뜻. 眞如(진여)의 一心(일심)이 無名(무명)의 힘에 의하여 처음으로 기동하게 되는 것.

展轉(전전) : 되풀이함.

解脫(해탈) : 불교 용어로, 번뇌煩惱의 속박을 벗어나 자유로운 경지에 이르는 것.

 이 장도 앞 장章에 이어 집착執着하지 말라는 것을 말한 것이다. 앞 장에서는, 세상의 모든 사물을 대할 때에 거울에 비치는 대상처럼, 오면 비치게 하고 가면 사라져 버리게 할 뿐, 아무 흔적도 남겨 두지 말라고 하였다.

 이를테면, 그림 속의 미인을 보듯, 혹은 빚어 놓은 인상人像을 대하듯, 또는 꿈속의 변화를 생각하듯, 진정眞情을 움직이지 말라는 것을 말한다. 인간만사는 그림이나 소상塑像이나 꿈과 같은 가상假像일 뿐이니, 거기에 깊이 마음을 빼앗겨 스스로 얽매이지 말라는 것이다.

 한번 얽매이게 되면 삼세육도三世六道를 윤회하면서 미로迷路를 헤매게 되므로 좀처럼 해탈하기가 어렵다는 것이다.

이렇게 악순환을 거듭하게 하는 원인은 다 내 자신이 사물에 집착하기 때문이지, 대상對象에 허물이 있는 것은 아니라는 것이다.

허명 虛名

꿈속에서, 학식이 많고 공업功業을 세워서 칭찬하는 명성은 날로 일어나고 아름다운 이름은 멀리까지 전파된다. 온 세상이 나를 추허推許하여 높다고 하고, 스스로 범인凡人들과는 다르다고 믿는 일이 있다.

그러다가 홀연히 눈을 뜨면, 몸은 침상寢牀 위에 누워 있고 전과 아무런 변함이 없는 한 사람의 가난한 서생書生일 뿐이다. 세상을 진동하게 하던 명성은 어디에 있고, 스스로 높다고 생각하던 마음은 어디로 갔는가.

세상의 학자學者들이 이러한 꿈을 꾸는 경우가 많을 것이다. 그들은 어째서 스스로 자신에 시험해 보지 않는가. 소위 학식이니 공업이니 성명聲名이니 하는 것이 어디에 안돈安頓할 수 있고 실상實相이라고 믿을 수 있으며, 범인보다 뛰어나다고 믿을 수 있단 말인가. 진실로 실實이 없다면 이것은 곧 헛이름〔虛名〕인 것이다.

夢中多學識 立功名 譽聲日興 美名遠播 一世推我爲高 而者
恃異乎凡人 忽然開眼 身臥牀上 依然一措大 震世之名安在
自高之想奚往 世之學者 多得是夢 何不自試 一身之中 所謂
學識功業聲名 安頓何處 可恃爲實相 可恃爲出凡 苟無其實
卽是虛名

虛名(허명) : 실지가 없는 빈 이름.
推我爲高(추아위고) : 나를 높은 사람으로 추허推許함.
者恃乎凡人(자시이호범인) : 자신이 범인보다 뛰어나다고 스스로 믿음.
措大(조대) : 청빈淸貧한 선비. 서생書生.
震世之名(진세지명) : 세상에 떨치던 이름.
奚往(해왕) : 어디로 갔는가?
安頓(안돈) : 제자리를 얻음. 안정함.

 이 세상의 학식이니 공업功業이니 명에니 하는 것은 실은 다 빈 것이다. 마치 꿈속에서 많은 학식과 대단한 공명과 사업으로 명성이 세상을 진동시키고, 자신도 범상凡常한 사람들보다는 뛰

어난 인물이라고 믿다가 홀연히 눈을 뜨면, 한 마당의 꿈일 뿐이고 자신自身은 여전히 전과 조금도 다름이 없는 하나의 서생書生임을 알게 되는 것과 같다는 것이다.

  사람의 일생이란 원래 하나의 꿈일 뿐이다. 그 학식이니 공로니 명예니 하는 것이 어찌 실상實相일 수 있겠는가. 그러니 실상이 아닌 그런 것은 다 빈 이름〔虛名〕일 뿐이라는 것이다.

비지 非知

기억하고 외우고 익혀서 가슴에는 만 권 서적萬卷書籍을 간직하였으며, 총명하고 재주와 지혜 있다는 이름이 한세상을 덮더라도, 그것은 한갓 지해知解를 보태어 무명無名을 조장시킬 뿐이다.

세상 사람들이 약간 지해가 있으면 스스로 깨달았다고 한다.

꿈속의 사람의 지혜가 비록 소연昭然하더라도 다만 꿈속의 일일 뿐이라는 것을 그들은 전연 알지 못한다.

하루아침에 마음이 열리고 눈이 밝아지면 이 깨달았다고 하는 것이 참된 지해가 아니었다는 것을 알게 된다.

記憶誦習 胸藏萬卷 聰明才智 名蓋一世 徒益知解 增長無明
世人稍有知解 自以爲覺 殊不知夢中人 智雖昭然 只是夢中
一朝心開眼明 乃知此覺非是知解

非知(비지) : 아는 것이 아님. 여기에서는 세상 사람들의 지식이라고 하는 것이, 실은 아는 것이 못 된다는 뜻으로 쓴 말.

胸藏萬卷(흉장만권) : 가슴에 만 권의 책을 간직함. 즉 많은 학식學識을 갖고 있다는 말.

名蓋一世(명개일세) : 이름이 온 세상을 덮음. 세상에 명성을 널리 떨침.

無明(무명) : 불교 용어로서, 사람의 지성知性 속에 깊이 뿌리 박고 있는 자기와 진리眞理에 대한 미혹迷惑. 각覺에 이르지 못하는 근원적根源的 장해障害. 치痴라고도 한다. "不達不解 不了 以愚痴爲自相者 是無明."

稍有知解(초유지해) : 조금만 아는 것이 있으면. 지식이 있으면.

昭然(소연) : 명백함. 분명함.

心開眼明(심개안명) : 마음의 눈이 밝아짐. 즉 깨달음.

앞 장에서는, 인간 세상의 공명이니 사업이니 명예니 하는 것은 빈 이름〔虛名〕이란 것을 말하고, 이 장에서는 지식이니 총명재지聰明才智니 하는 것이 참된 지해知解가 아니라는 것을 말하고 있다.

세상 사람들의 지식이니 총명재지聰明才智니 하는 것은 도리어 사람의 참된 깨달음에 대한 장해障害를 증장增長할 뿐, 그것이 진실한 지혜가 못 된다는 것이다.

  사람은 학식과 견문이 많으면 많을수록 사물에 대한 의문이 늘어나는 것이다. 그러므로 어떤 사물이나 학설이나 견해에 대해서도 순순히 받아들이지 못한다. 결국에는 자기 나름의 견해를 세운다.

  한번 자신의 견해를 세우면 그것을 고집하게 되고, 좀처럼 그 고집은 깨뜨릴 수 없게 된다. 그러고는 스스로 자신은 깨달았다고 생각한다.

  깨달았다는 말은 진리眞理를 발견하였다는 말이다. 자신의 견해가 틀림이 없다고, 바로 진리라고 믿게 된다. 마치, 이미 채색이나 먹칠을 한 비단에는 훌륭한 그림을 그릴 수 없음과 같다. 차라리 무식해서 선입견이나 자신의 고집이 없는 백지 같은 소박한 마음 바탕만 못한 것이다.

  제아무리 가슴에 만 권 서적의 지식을 간직하고, 총명재지한 것으로 이름이 온 세상에 드날린다 하더라도, 결국에 있어 마음의 눈을 크게 떠서 인생의 테두리 밖에서 인생이란 것을 관찰할 만한 깨달음을 얻지 못한다면, 모든 학문이나 지식은 아무것도 아니라는 것이다.

  그것은 인생이란 긴 꿈속의 일일 뿐이기 때문이다.

  꿈속에서 가끔 사람은 어떤 사물에 대하여 분명하고 조리 정연한 견해를 과시하는 일이 있다. 그러나 깨고 나면 그것은 빈 것임을 알게 된다. 이렇듯 인생이란 꿈의 테두리를 벗어나지 못한 채 자기 나름으로 깨달았다고 하는 것은 참다운 지해知解가 아니라는 것이다.

 옛 시에 이런 것이 있다.

> 구름은 뜬 이름을 이끌어 사라져 가고
> 종소리는 큰 꿈을 두드려 깨게 하네.
> 雲領浮名去 鐘撞大夢醒

차별 差別

 온 세상 중생衆生의 수는 몇억만 명이 되는지 이루 다 알 수 없다. 그런데 그들은 제각기 일생 동안의 꿈이 또 몇백 번, 몇천 번씩이나 되는지 이루 다 알 수 없다.

 몇억만 명의 군생群生의 몇백 번, 몇천 번씩의 꿈은 그 수를 헤아릴 수도 없고 설명할 수도 없다. 또한 그 꿈들은 각각 다르다. 그 꿈들이 같지 않은 까닭은, 그들은 심식心識에 차별이 있기 때문이다. 마음에 차별이 있으면 업業에 차별이 있고, 업에 차별이 있으면 응보應報에 차별이 있다. 응보에 차별이 있으면 그들이 윤회할 세계에 차별이 있을 것이다. 이것으로 세계의 많음도 또한 헤아릴 수 없고 설명할 수도 없다는 것을 알 수 있다.

 헤아릴 수도 없고 설명할 수도 없는 차별이, 사라지듯 하나로 돌아가게 하는 것은 그 오직 대각大覺이 있을 뿐이다.

一世羣生之數 不知其幾億萬 而各有一生之夢 又不知幾百千
矣 幾億萬生之幾百千夢 其數不可量不可說 而亦各不同 所以
不同者以其心識之差別也 心差別則業差別 業差別則報差別
報差別則世界差別 是知世界之多 亦不可量不可說 以不可量
不可說之差別 泯然歸一者 其惟大覺乎

差別(차별) : 등급의 차이가 있어서 서로 같지 아니함. 등급이
   있게 나누어짐.
羣生(군생) : 많은 사람. 중생衆生. 모든 생물.
心識(심식) : 심의식心意識. 즉 心(심)은 온갖 심리 작용을 집합
   하여 인기引起하는 것이고, 意(의)는 여러 가지 대경對境을
   헤아리고 생각하는 것이며, 識(식)은 대경을 밝게 분별하는
   작용을 말한다.
業(업) : 몸 · 입 · 뜻으로 짓는 말과, 동작과, 생각하는 것과,
   그 세력을 말함.
報(보) : 과보果報. 응보應報. 지은 업業에 대한 응보.
世界(세계) : 여기서는 불교 용어로, 世(세)는 과거 · 현재 · 미
   래의 3세世를 말하고, 상하사방上下四方을 界(계)라고 함.
   즉 시간과 곳의 전체를 일컫는 말. 중생衆生이 사는 산천국

토산천國土.

泯然(민연) : 사라지는 모양.

大覺(대각) : 불교 용어로, ① 크게 도道를 깨달음. 대오大悟.
② 크게 꿈을 깨침. ③ 부처의 다른 칭호稱號.

한세상에 생生을 받고 있는 중생은 너무나 많다. 그 수는 몇 억만이나 되는지 알 수 없다.

그 많은 중생들은 일생一生 동안에 제각기 몇백 번, 몇천 번의 꿈을 꾸게 된다. 그러니 몇억만 명이 제각기 몇백 번, 몇천 번씩 꾸는 꿈의 총수는 이루 헤아릴 수도, 말로 표현할 수도 없이 많은 것이다. 또한 그 많은 꿈들이 하나도 서로 같은 것은 없다. 오늘 밤의 꿈이 어젯밤과 꼭 같은 일은 없다. 갑의 꿈이 을의 꿈과 꼭 같은 경우도 없다.

앞서 월창 거사는, 꿈이란 마음의 작용에서 생기는 것이라고 말한 바 있다. 여기에서는 그 많은 꿈들이 서로 같지 않은 이유를 이렇게 말하고 있다.

즉, 꿈이 같지 않은 것은 심식心識이 같지 않기 때문이고, 마음이 같지 않다면 그들이 짓는 업業에 차별이 있을 것이다. 지은 업이 같지 않다면 업에 따라 생기게 마련인 응보應報에 차별이 있을 것임을 알 수 있다. 그들이 받는 과보果報에 차별이 있다면, 그들이 과보의 등급에 따라 다음 생으로 윤회輪廻하여 태어날 세계는 모두가 같지 않아야 할 것이다. 그렇다면 그들이 과보대로 태어날 수 있는 무수한 세계가 있다는 것을 우리는 상상할 수 있다. 항하수恒河水 가의 모래알처럼 많은 차별의 세계가 존재하는 것을 알 수 있다.

하지만 이 무수한, 그야말로 무수히 많은 그 차별 세계가, 크게 깨달은 이에게는 사라지듯 하나로 귀일하고 만다는 것이다. 크게 깨달은 이, 즉 대각大覺을 얻은 이에게는 차별도 없고 등급도 없다. 모든 것은 빈 것일 뿐이다. 모든 것은 평등일 뿐이다. 그에게는 공空이 색色이고 색이 공일 뿐이다. 대각大覺이라는 말은 바로 부처님을 일컫는 칭호이기도 한 것이다.

이런 시가 있다.

> 구름 걷고 바람 물결 가라앉으니
> 하늘은 높고 바다는 비어 한 빛으로 푸르구나.
>
> 迷雲捲盡風波定 海濶天空一色靑

자의自疑

꿈속의 사람은 스스로 이렇게 의심한다.

"꿈꾸기 전에 나는 어디에서 왔으며, 이미 꿈꾼 뒤에는 나는 어디로 갈 것인가. 처음에도 일찍이 나는 없었던가. 마침내는 마땅히 나는 있을 것인가. 이제 와서 이미 옛일을 기억할 수 없으니 뒤에는 또한 어찌 지금을 기억할 수 있겠는가."

'만약 앞에서도 좇아 온 곳이 없고, 뒤에도 갈 곳이 없다면 돌연突然히 중간에서 나는 어디로부터 있게 되었을까…….' 이렇게 깊이 연구하여 간다면 마음은 안정[定] 되고 정신은 응결凝結하며 몽경夢境은 저절로 무너질 것이다.

즉 이것은, 아직 꿈꾸기 전에 나는 이미 자재自在하였으며, 이미 꿈꾼 뒤에도 나는 또한 자재自在한다. 본래부터 생각해야 할 것도 없고, 또한 잊을 것도 없다. 그런 것을, 홀로 몽환夢幻의 미혹한 바 되었을 뿐이다.

夢中人自疑 未夢之前 我從何來 旣夢之後 我從何去 始曾無我否 終當有我否 今旣不能憶昔 後亦安能憶今 若是前無所從 後無所往 突然中間 我從何有 如是窮究 心定神凝而夢境自壞 卽是未夢之前 我已自在 旣夢之後 我亦自在 本無可憶 亦無可忘 而特爲夢幻所迷

自疑(자의) : 스스로 의심함.

窮究(궁구) : 깊이 연구함.

心定神凝(심정신응) : 마음은 안정하게 되고 정신은 집중되어 흔들리지 않음.

夢境自壞(몽경자괴) : 꿈속의 대경對境이 저절로 무너짐. 즉 꿈의 범위를 무너뜨리고 꿈 밖으로 벗어 나옴.

 인생은 꿈이라고 하였다. 꿈속을 살고 있는 사람들은 스스로 이렇게 의심한다. '나는 어디에서 왔을까? 이 꿈이 시작되기 이전에는 어디에 있었을까? 이 꿈이 끝나는 날 나는 어디로 갈 것인가? 처음에는 일찍이 나는 없었을까? 마침내 나는 있을 것인가?'

그러나, '만일 전에서부터 온 곳이 없고 뒤에도 돌아갈 곳이 없다면, 그 중간에 나라는 존재가 갑자기 어디에서 튀어나왔단 말인가. 다만 이제 와서는 옛일을 알지 못하니 뒤에도 이제 일을 기억하지 못할 것이다……' 이렇게 깊이 파고 들어간다면, 마침내 아득한 꿈에서 깨어나, 꿈꾸기 전에도 '나'는 스스로 있었으며, 꿈이 끝난 뒤에도 '나'는 스스로 존재한다는 것을 알게 된다는 것이다.

이 '나'라는 것은 생사몽각生死夢覺에 지배되지 않는, 항상 있는 참된 존재를 의미한다. 그러니 본래부터 생각할 것도 없고 잊을 것도 없는 것이다. 깨닫고 나면 그러한 의혹疑惑은 있을 수 없다는 것이다. 사람들은 지금 있는 가아假我의 환상幻相을 '나'라고 집착하기 때문에 그러한 의심이 생길 뿐이라는 것이다.

옛 시에 이런 것이 있다.

> 만 가지 의심은 원래 모두가 한 의심의 누적된 덩어리
> 의심해 가고 의심해 오다 보니 의심이 저절로 보이네.
> 모름지기 용과 봉을 후려치고
> 한 주먹으로 철성관을 때려 부숴야 하느니.
> 萬疑都是一疑團 疑去疑來疑自看
> 須是挐龍打鳳去 一拳打倒鐵城關

심적 心迹

지인至人은 꿈이 없다. 물이 지극히 고요하면 물결이 없는 것과 같다. 우인愚人도 꿈이 없다. 물이 지극히 혼탁하면 그림자가 없는 것과 같다.

성인聖人이 혼혼渾渾한 것은 남들과 같이 처세하기 때문이고, 우인愚人이 혼혼한 것은 청탁淸濁을 분별하지 못하기 때문이다.

성인이 의복과 음식을 남들과 같게 하는 것은, 남보다 특이特異하게 하는 것을 좋아하지 않기 때문이나, 우인이 의복과 음식을 남들과 같게 하는 것은, 자기가 남만 못할 것을 두려워하기 때문이다.

그런 까닭에 성인의 마음을 살피지 않고 그의 자취만 배우는 것은, 꿈을 찾아다니는 것이나 그림자를 쫓아 잡으려는 것과 무엇이 다르겠는가.

至人無夢 如水至靜而無波 愚人無夢 如水至濁而無影 聖人之渾渾 與物同游也 愚人之渾渾 不辨淸濁也 聖人之衣服飮食與人同 不欲異於人也 愚人之衣服飮食與人同 恐其不如人也 是以不察聖人之心而學其迹者 何異尋夢追影

心迹(심적) : 마음과 남긴 자취.
至人(지인) : 도를 닦아서 지극한 경지에 이른 사람.
愚人(우인) : 우미愚迷한 사람.
渾渾(혼혼) : 청탁淸濁을 구분함이 없이 한데 섞여 있는 모양.
不欲異於人(불욕이어인) : 남보다 특이特異하게 하는 것을 좋아하지 않음.
恐其不如人(공기불여인) : 남만 못할까 두려워함.
尋夢追影(심몽추영) : 꿈을 찾아다니고 그림자를 잡으려고 쫓아가는 것처럼 헛된 일이라는 말.

겉으로 드러나 보이는 외형外形이나 남겨진 발자취가 반드시 그 본질을 구명하는 것은 아니다. 겉보기는 같으면서 실질은 정반대되는 경우가 얼마든지 있다. 사물은 그 본질을 파악해야 한다는 것이다.

　가령 도道를 닦아 지극한 경지에 도달한 사람에게는 꿈이 없다. 그는 욕망도 번뇌도 초월하였다. 마음의 동요도 없다. 그저 담담할 뿐이다. 마치 물이 지극히 고요하면 물결이 없음과 같다는 것이다. 한편 우미愚迷한 사람도 꿈이 없다. 그것은 너무나 못났기 때문에 무엇을 해 보겠다는 욕망도 고민도 없이 그저 멍청하게 있을 뿐이라는 것이다. 마치 물이 몹시 흐리면 그림자가 나타나지 않음과 같다는 것이다.

　성인은 일상생활에 있어서 구태여 남들보다 특이한 일을 하려고 하지 않는다. 그러므로 자연 먹는 거며 입는 것이 수수하고 항상 남들과 같다. 그러나 우매한 사람들은 자신이 항상 남만 못할까 궁궁하고 있으므로 남과 같게 하기를 애쓴다. 성인은 청탁淸濁을 가리지 않고 함께 섞여 지내지만 물들지 않는다. 우매한 사람은 무엇이 맑은 것이고 어느 것이 흐린 것인지를 모르기 때문에 뒤섞여 지내는 것이다.

　이와 같이 성인의 하는 일과 우매한 사람의 행동이 그 외형만으로는 다름이 없지만 그 실질은 전연 반대인 것이다. 세상의 학자들이 성인의 마음은 살펴려 하지 않고, 겉으로 드러난 발자취만을 배우려고 하니 본질을 파악하지 못한 어리석은 생각이다. 마치 꿈을 찾아다니고 그림자를 쫓아가 잡으려고 하는 어리석음과 같다는 것이다.

이런 옛 시가 있다.

산과 구름이 함께 희니

산과 구름 구별 없네

구름 흩어지고 산이 홀로 서니

일 만 이 천 봉우리로구나.

山與雲俱白 雲山不辨客

雲歸山獨立 一萬二千峰

아환 我幻

세상 사람들이 몸뚱이를 '나'라고 한다. 그리하여 그들의 꿈속의 사람에도 또한 '나'가 있다는 것을 알지 못한다.

　꿈속의 사람은 스스로 '나'라고 한다. 그리하여 그 침상 위의 사람도 또한 '나'라는 것을 알지 못한다.

　둘 다 '나'라고 한다면 빈 것과 실實한 것이 서로 같지 않고, '저 나'와 '이 나'로 구분한다면 꿈과 깸이 두 사람을 이루게 된다.

　이것으로 꿈과 깸이 다 환상幻像이며, 소위 '나'라고 하는 것도 또한 환상임을 알 수 있다. 진실로 '나'도 또한 환상이라는 것을 안다면, 비로소 꿈의 테두리 밖으로 벗어날 수 있다.

世人以軀殼爲我 而不知其夢中人亦有我 夢中人自以爲我 而不知其床上人亦自我 謂皆我則虛實不相倫 分彼此則夢覺成

二人 是知夢覺皆幻而所謂我者亦幻 苟知我亦幻 乃可出夢

我幻(아환) : 나와 환상幻像.

虛實不相倫(허실불상륜) : 허한 것과 실한 것이 서로 같지 않음. 즉 꿈은 빈〔虛〕 것, 깬 사람은 실물이니, 꿈속의 사람과 깬 사람은 같은 서열序列에 둘 수 없다는 말.

夢覺成二人(몽각성이인) : 꿈속의 나를 '저 나'라고 하고, 깰 때의 나를 '이 나'라고 나눈다면, 한 사람의 '나'가 꿈과 깸에서 두 사람이 되게 된다는 것.

出夢(출몽) : 꿈의 범위 안에 구속되지 않고 꿈 밖으로 벗어날 수 있다는 말.

꿈꾸는 것도 꿈이며 깬 것도 꿈이다. 살아 있는 '나'는 꿈속의 나와 같은 환상幻像일 뿐이라는 것이다.

세상 사람들이 몸뚱이를 '나'라고 한다. 그러나 꿈속의 사람은 분명 육신은 아니다. 하지만 또한 '나'임에 틀림이 없다. 또한 꿈속의 사람은 자기가 '나'라고 한다. 그러나 침상 위에 몸을 누이고 있는 사람도 '나'임에 틀림이 없다. 그렇다고 둘 다 '나'라고 한다면, 하나는 빈 것이고 하나는 실물이니 같은 서열

序列에 나란히 내세울 수는 없다. 또 꿈속의 사람과 깬 사람을 딴 것으로 구분한다면, 한 사람이 꿈꾸고 깨고 하는 사이에 두 사람이 된 것이 된다. 어느 것도 타당하지 않다. 결국 꿈꾼다는 것도 깨어 있다는 것도 다 변하고 바뀌고 사라지고 할 운명에 있는 것이니 환상幻像에 불과하다는 것이다.

'나'라는 존재는 한낱 환상이라는 것을 진정 깨달아 알게 되면 그는 벌써 몽각夢覺을 초월한, 꿈 밖에 해탈한 사람인 것이다. 이것이 깨닫는 것이다.

옛 시에 이런 것이 있다.

> 예나 지금이나 인생이란 진정 한낱 꿈인데
> 호수에 달빛은 스스로 맑기만 하구나.
>
> 古往今來眞一夢 湖光月色自雙明

세계世界

 열 사람이 함께 잠을 잘 때에 제각기 꿈 하나씩을 꾸게 되면, 각자의 꿈속에는 천지만물이 있고 영광과 치욕이 있고 장수와 단명短命이 있을 것이다.

 한 방 안에서 반밤〔半夜〕 사이에 열 개의 세계가 개벽되어, 오램과 잠깐인 것이 서로 가지런하지 않으며, 정식情識과 대경對境의 차별이 이와 같다. 그리하여 갑甲의 꿈속에서는 을乙의 꿈속의 세계가 있는 것을 알지 못하고, 을의 꿈속에서는 갑의 꿈속 세계가 있다는 것을 알지 못한다.

 그것은 대체로 그 환상幻相 속에서 보는 것이 환상의 경계境界 밖에 나가지 못하기 때문인 것이다.

 그러하니 세상 사람들이 삼천대천세계가 있다는 것을 믿지 않는 것이 괴이怪異하다고 할 수는 없다.

十人同寢 各成一夢 有天地萬物焉 有榮辱壽夭焉 夫一室之中 半夜之間 開闢十世界 久暫之不齊 情境之差別如是 而甲夢中人 不知有乙夢世界 乙夢中人 不知有甲夢世界 蓋其幻見不出境外也 世人之不信有三千大千世界 何足爲怪

壽夭(수요) : 장수長壽와 단명短命.

幻見(환견) : 꿈속이나 환상幻相 속에서 보는 것.

三千大千世界(삼천대천세계) : 일대삼천세계一大三千世界와 같은 말. 불교 천문학에서 수미산須彌山을 중심으로 하고 사방에 사대주四大洲가 있고, 그 바깥 주위를 대철위산大鐵圍山으로 둘러쌌다고 한다. 이것을 일세계一世界 또는 일사천하一四天下라고 한다. 사천하四天下를 천 개 합한 것을 일소천세계一小千世界, 소천세계를 천 개 합한 것을 일중천세계一中千世界, 중천세계 천 개를 합한 것이 일대천세계一大千世界라고 한다. 일대천세계에는 소천小千 · 중천中千 · 대천大千의 삼종三種의 천千이 있으므로 '일대삼천세계', 또는 '삼천대천세계三千大天世界'라고 한다.

세상 사람들의 견해見解는 인간 세상의 범위를 벗어나지 못한다는 것을 말하고 있다.

　인간 세상에서의 사람들의 견해는 생사몽각生死夢覺을 초월한 참된 것이 아니다. 생에서는 사死의 세계를 보지 못하고, 사에서는 생의 세계를 알지 못한다. 깨어서는 꿈속의 세계를 알지 못하고, 꿈속에서는 깬 세계를 알지 못한다. 생生과 사死, 몽夢과 각覺이 서로의 경계 밖을 보지 못할 뿐 아니라, 같은 꿈속에서도 갑은 을의 꿈속 세계를 엿볼 수 없고, 을은 갑의 꿈속 세계를 알지 못한다.

　그것은, 인생의 생이니, 사니, 몽이니, 각이니 하는 것이 다 한낱 환각幻覺에 불과하기 때문이다. 그러니 세상 사람들이 삼천대천세계三千大天世界가 있다는 것을 믿지 못하는 것이, 차라리 당연하다고 말한 것이다.

　〈장자莊子〉의 소요유편逍遙遊篇에 이런 말이 있다.

　"아침 버섯(아침에 났다가 곧 죽는 버섯)은 그믐과 초하루를 알지 못하고, 쓰르라미(여름에만 사는 벌레)는 봄·가을을 알지 못한다(朝菌不知晦朔 惠姑不知春秋)."

이오 易悟

천하의 일은, 보태기는 어렵고 덜기는 쉽다. 한 가지의 작은 기술技術도 반드시 애써 노력努力하고 오랜 세월을 지난 뒤라야 비로소 성취成就할 수 있다. 어찌 어렵지 않다고 하겠는가.

그러나 큰 도〔大道〕는 한정限定이 없으나 한 말로 깨달을 수 있다. 한번 깨달으면 '모든 것'은 공空이 된다. 비유해 말하면, 깊은 잠 속의 긴 꿈에서 허다한 정상情狀을 겪다가 한 소리로 불러 깨우면 일시에 모든 '꿈속의 일'은 공空이 되는 것과 같은 것이다. 어찌 쉽지 않은가.

아아! 세상 사람들은 자기를 믿지 않고 타물他物을 믿으며, 쉽게 하기를 좋아하지 않고 어렵게 하기를 좋아하니 또한 괴롭구나!

    天下事 益之難 損之易 一技小術 必須勞心努力 閱歲月而始

成 豈不難哉 大道無方 可以一言悟一悟而空 譬如深睡長夢 經歷許多情狀 一喚而醒則一時俱空 豈不易哉 嗚呼 世人不信自己 而信他物不好爲易 而好爲難 吁亦苦矣

易悟(이오) : 쉽게 깨달음. 깨닫기 쉬움.

大道無方(대도무방) : 위대한 도道는 한정限定이 없음. 다함이 없음.

一悟而空(일오이공) : 한번 깨달으면 일체一切가 공空으로 됨. 깨닫고 나면 모든 것이 공空이라는 것을 알게 된다는 말.

吁亦苦矣(우역고의) : 우吁는, '아아! 또한 괴롭구나' 하고 탄식하는 말.

이 세상일은 조그만 것이라도 성공하기는 어렵다. 마음을 노고勞苦하게 하고 애써 노력해야 하며 많은 세월을 경과해야만 된다. 그렇게 하더라도 반드시 성공한다는 것을 보장할 수는 없다. 그러나 위대한 도道는 그 크기가, 높이가, 깊이가 한정이 없는 것이지만, 단 한마디의 밀에 깨달을 수가 있으며, 한번 깨닫기만 하면 모든 것은 다 빈(空) 것이라는 것을 알게 된다. 그러니 쉽지 않은가.

그런데 세상 사람들은, 이렇게 깨달을 수 있는 능력이 자기 자신에게 있음을 믿지 않고, 재주니 기술이니 학문이니 하면서 자기 밖의 타물他物의 힘을 믿고 무진 애를 쓰고 있다. 그야말로 쉬운 길을 버리고 어려운 길을 찾아 헤매는 것이니, 아아! 괴로울 뿐이로구나라고 말한 것이다.

큰 도(여기에서는 불도를 말함)를 얻는 것은 학문을 배우고 기술을 익히고 노력한다고 되는 것은 아니다. 오직 깨달을 뿐이다. 하루아침에 깨닫고 나면 우주만유의 진리가 단번에 가을 밤하늘의 달과 같이, 마음의 하늘에 환하게 밝혀진다는 것이다.

불교에서는 깨닫는 것을 가장 소중히 여긴다. 이 점이 유교儒敎와 크게 다르다. 공자孔子는 말하기를, "나는 일찍이 온종일 먹지 않고 밤새도록 잠자지 않고 생각한 일이 있었으나, 아무런 유익함이 없었다. 배우는 것만 같지 못하다."고 하였다. 유교에서는 배우는 것을 소중히 여긴다.

그러나 도道가 사람에게 가까이 있다고 한 사상은 서로 같은 것 같다. "도가 사람을 멀리하는 것이 아니고, 사람이 도를 멀리한다(道不遠人 人遠道)."고 한 것이 그것이다.

여기 옛 시 한 수를 옮겨 본다.

  온종일 봄을 찾았으나 봄을 볼 수 없어
  공연히 산 위의 구름 속을 샅샅이 뒤지고 다녔네.

돌아와 매화 가지 잡고 웃으며 냄새 맡으니

봄은 이미 가지 위에 흐뭇이 와 있었네.

盡日尋春不見春 芒鞋踏遍隴頭雲

歸來笑撚梅花嗅 春在枝頭已十分

포의 泡衣

깨서 꿈속에 있었던 몸을 생각해 보면 물거품이나 그림자가 이미 사라진 것 같고, 죽어서 살았을 때의 몸을 보면 옷을 벗어버린 것 같을 것이다. 그것은 본래 환상幻相이고 참모습은 아니었으며, 본래 물物이었지 나는 아니다. 세상 사람들이 함부로 물物과 나로 구분하여 저 물物을 해쳐서 이 몸을 기르며, 환영幻影을 잘못 믿고 무슨 기묘한 방법을 구求해서 장생長生하기를 바란다.

  이것은 성명性命의 이치와 물物의 진가眞價를 알지 못하기 때문이다. 진실로 어느 것이 가상假相이고 어느 것이 참이라는 것을 알며, 어느 것이 객客이고 어느 것이 주主라는 것을 알게 되면, 자연히 익숙하던 곳이 점차로 생소生疎하여지고 생소하던 곳이 점차로 익숙하여져서 옛 버릇은 날마다 고쳐질 것이다. 그리하여 알지 못하는 사이에 새로운 훈도薰陶가 날로 진취進就하여 덕을 이루게 될 것이다.

覺視夢身 如泡影已滅 死視生身 如脫衣委置 本是幻而非眞 本是物而非我 世人妄分物我 害彼物而養此身 枉恃幻影 求奇方而望長生 是不知性命之理 眞假之物 苟知何者是假是眞 何者是客是主 自然熟處漸生 生處漸熟 舊習日改 而不知新薰日進而成德

泡影(포영) : 물거품과 그림자. 덧없음을 표현하는 말.

脫衣委置(탈의위치) : 옷을 벗어 버려 둠.

妄分物我(망분물아) : 함부로 물물과 나로 나누어 놓음. 물물은 자신 이외의 존재를 가리킨 것.

枉恃幻影(왕시환영) : 枉恃(왕시)는 잘못 믿는다는 말, 幻影(환영)은 사람의 몸이란 한낱 환영幻影에 불과하다는 말. 즉 환영에 불과한 자신의 몸을 참이라고 잘못 믿는다는 말.

求奇方而望長生(구기방이망장생) : 무슨 신기한 방법을 찾아내어서 사람의 몸이 길이 살아 있기를 바람.

性命(성명) : ① 性(성)이란 하늘이 낳은 본질이고, 命(명)이란 사람이 받는 품부이다. 즉 만물이 각각 지니고 있는 본연의 성질. "性者天生之質 若剛柔遲速之別命者人所禀受 若貴賤壽夭之屬." ② 생명. 수명壽命.

熟處漸生(숙처점생) : 익숙하던 곳이 점점 생소生疎하게 됨. 즉 옛 타성惰性이 차츰 고쳐져 감.

新薰日進(신훈일진) : 새로운 훈도(薰陶, 薰育)가 날로 진취進就함.

사람의 육신肉身이란 것은 빈 껍질이다. 생명이 잠깐 빌어 깃들인 껍질일 뿐이다. 거기에 깃들인 생명이 자리를 비우면 벗어버린 옷과 같고, 선탈蟬脫한 공각空殼과 같은 것이다.

본래 육신이 주인은 아니며 참다운 존재도 아니다. 그렇건만 세상 사람들은 그 육신이 바로 주인이며, 그것이 바로 나이며, 그것이 참된 존재라고 믿는다. 그리하여 그 육신을 기르기에 무진 애를 쓴다. 그 육신을 오래 유지하기 위하여 옛날부터 온갖 방법을 생각하고 시도하였다. 어떤 이는 불사약不死藥을 찾으려고 방사方士를 삼신산에 보낸 일도 있고, 승로반承露盤을 만들어 하늘의 감로甘露를 받아먹기도 하였으며, 웅경조신(熊經鳥伸 : 곰처럼 웅크리고 새처럼 사지를 폄)의 양생법을 수행하기도 하고, 자양滋養과 약석藥石으로 보건 위생에 여념이 없기도 하였다. 그러나 모든 것은 헛된 일이었다. 조금 더 장수한다거나 남보다 좀 요수夭壽한다는 것은, 저 영겁의 세월에 견주어 볼 때, 모두가 반짝하는 불똥보다도 짧은 것이겠다.

인생이란 제아무리 육신을 붙잡고 몸부림을 쳐 보아도 아직껏 생로병사生老病死의 과정에 예외가 있는 일은 없다. 그러니 생사몽각生死夢覺을 초월한 성(性)의 존재를 깨닫고 어느 것이 주인, 어느 것이 객, 어느 것이 참, 어느 것이 거짓임을 알게 되면 사람은 오래된 타성惰性에서 벗어나 새로운 감화 속에서 공덕을 성취할 수 있다는 것이다. 불문佛門에의 귀의歸依를 종용한 것일 것이다.

여기에 옛 시 한 수를 옮겨 본다.

> 수운愁雲은 막막漠漠하고 풀은 우거졌구나.
> 어디가 태을궁·구진궁의 빈터일까.
> 저문 날에 봄비는 내리는데
> 무너진 담 그 너머로 오히려 남은 꽃이 옛 가지에 피었네.
> 愁雲漠漠草離離 太乙句陳處處疑
> 日暮毁垣春雨裏 殘花猶發昔年枝

징험 徵驗

마음이 미혹하여 집착執着하기 때문에 꿈을 꾸게 되고, 마음에 물루物累가 있기 때문에 환상幻像이 생기는 것이다.

마음이 진실로 능히 환하게 항상 비친다면 무엇이 꿈이 될 수 있으며, 마음이 적연寂然하여 물루物累가 없다면 무엇이 환상이 될 수 있겠는가.

이제 이미 꿈이 없으니 무엇이 죽고 살게 하며, 이제 이미 환상이 없으니 무엇이 윤회輪回하게 만들 수 있겠는가.

이것으로 보아 꿈이란 죽고 사는 것의 징험이고, 환상이란 윤회의 징험이라는 것을 알겠다.

心迷着故爲夢 心有物故成幻 苟能朗然常照 孰能爲夢 寂然無物 孰能爲幻 今旣無夢 孰能死生 今旣無幻 孰能輪廻 是知夢是死生之徵 幻是輪回之驗

徵驗(징험) : 징조. 징거. 징조와 경험.
迷着(미착) : 미혹하여 집착執着함.
朗然(낭연) : 환하게 밝은 모양.
寂然(적연) : 고요하고 텅 빈 모양.
輪回(윤회) : 사람이 죽었다가 나고, 났다가 죽어, 몇 번이고 되풀이함을 말한 것. 불교에서 말하는 삼계육도三界六道에서 미迷의 생사生死를 거듭하는 것.

사람이 꿈을 꾸는 것은 마음에 집착執着함이 있기 때문이다. 마음에 아무런 집착이 없어서 거울에 물상이 비치는 것처럼, 오면 비치고 가면 사라져서 흔적도 여운도 남기지 않는다면, 꿈이 되어 나타날 것이 아무것도 없을 것이다. 또 세상의 모든 외물外物을 존재로 인식하기 때문에 그것이 형상으로 보이는 것이다.

그러나 그것은 꿈속에서 보는 물상이 꿈을 깨면 아무것도 없는 것과 같이, 인생이란 꿈을 깨고 나면 역시 아무것도 없는 가상假相일 뿐이다. 가상이란 없는 것이 있는 것처럼 보이는 것이니 바로 환상幻像인 것이다. 마음이 팅 비고 고요하여 모든 인간 세상의 물루가 존재하지 않는다면, 외물外物을 실재實在의 존재로 인식하지 않는다면 환상으로 되어 나타날 것은 있을 수 없는 것이다.

꿈을 꾸지 않을 만큼 마음에 미착迷着이 없다고 하면, 그 마음은 이미 가을 하늘처럼 맑고 빈 마음일 것이다. 그 마음에는 벌써 생사몽각生死夢覺이 모두 빈 것으로 보일 뿐이다.

생사몽각을 초월한 참된 모습을 그는 알고 있다. 그에게 무슨 생이니 사니 하는 것이 존재하겠는가.

또한 환상으로 나타날 여지가 없을 만큼 가슴에 아무런 외물外物의 누累가 존재하지 않는다면 그는 죄업罪業을 짓는 일이 없을 것이다. 죄업이 없다면 삼세육도三世六道의 미迷의 윤회輪回를 되풀이하는 일은 있을 수가 없는 것이라고 말한 것이다.

고명 孤明

어떤 이가 말하기를, "꿈속에서 능히 꿈이 환상幻像임을 안다면 그 사람은 환상을 깨뜨리고 꿈 밖으로 나올 수 있는가." 라고 한다.

대답하기를, "일체一切의 모든 꿈은 다 환상幻像으로 미혹迷惑되는 것이다. 그것에 미혹되었기 때문에 그것이 환상인 것을 알지 못한다. 만약 꿈은 환상이고 대경對境은 빈 것이라는 것을 안다면, 마음에 탐욕이나 집착執着이 없고 상념想念은 녹아 없어질 것이다. 상념이 녹아 없어지면 진체眞體가 자재自在하고 영지靈知가 홀로 있을 것이다. 영지가 홀로 있으면 환경幻境이 저절로 무너질 것이다.

무슨 까닭인가. 물物에 수응隨應하나 물物에 마음이 없으며, 일을 행行하나 마음에 일이 없다. 맑기는 정지靜止하여 있는 물과 같고, 비치기는 밝은 거울 같아서, 분명하고 고요한 '외로운 밝음'이 앞에 나타나게 될 것이니 꿈은 저절로 깰 것이다." 라고 하였다.

或曰 夢中能知爲夢所幻 可以破幻出夢歟 曰一切諸夢 皆爲幻迷 爲其所迷故 不知其幻 若知夢幻境空則心無貪着 而想念銷落 想念銷落 則眞體自在 而靈知獨存 靈知獨存 則幻境自壞 何以故 應物而於物無心 行事而於心無事 湛如止水 照若明鏡 惺惺寂寂 孤明現前 夢自醒矣

孤明(고명) : 외롭게 밝음. 홀로 밝음.

破幻出夢(파환출몽) : 환경幻境을 깨뜨리고 꿈 밖으로 벗어남. 즉 꿈속에 보이는 모든 것은 다 환상幻像이다. 그런데 꿈을 꾸는 중에 자신이, 그것이 환상이란 것을 안다면 그는 환상의 세계를 깨뜨리고 꿈 밖으로 벗어날 수 있다는 말.

幻迷(환미) : 환상幻像에 홀려 있는 것.

知夢幻境空(지몽환경공) : 꿈이란 것은 환상을 보는 것이고 꿈속의 대경對境은 빈 것임을 안다는 말.

貪着(탐착) : 지나치게 탐냄과 집착하는 것.

想念(상념) : 생각. 想(상)은 객관인 부산한 만상萬象의 모양을 비쳐 들여서 남자·여자·풀·나무……라고 생각하는 정신 작용이고, 念(염)은 주관인 마음이 객관인 대경對境을 마음에 분명히 기억하여 두고 잊지 않는 정신. 지나간 일을 기억할 뿐 아니라, 현재의 순간에도 행하여져서 마음으로 객관 대상을 분별할 때 반드시 존재하는 것.

銷落(소락) : 銷(소)는 녹는 것, 落(락)은 떨어지는 것. 즉 녹아 없어짐의 뜻.

眞體(진체) : ① 참의 본체本體. 참된 모습. ② 眞諦(진체)와 같으니 변치 않는 진리.

靈知(영지) : 마음. 신령한 마음.

應物而於物無心(응물이어물무심) : 세상의 사물事物에 수응隨應하지만, 그 사물에 마음을 두지 않음.

湛如止水(담여지수) : 마음의 맑음이 고요히 정지하여 있는 물과 같다는 말.

惺惺寂寂(성성적적) : 惺惺(성성)은 분명한 모양, 寂寂(적적)은 고요한 모양.

사람이 꿈속에 있으면서, 지금 자신이 꿈을 꾸고 있다는 것과 꿈속에 나타나는 모든 것은 환상幻像이라는 것을 알고 있는 사람이 있다면, 그 사람은 비록 꿈속에 있으나 그 깨달음은 이미 꿈의 밖에 나와 있는 것이다.

원래 꿈이라는 것은 환상幻像에 홀려 있는 것이기 때문에, 그 속에 있으면서 그것이 환상임을 간파한다는 것은 기대하기 어렵다. 그 어려운 것을 능히 할 수 있는 것이 바로 깨달음이다.

월창 거사는 언제나 꿈을 인용하여 인생을 말하고 있다.

만약 사람이 인생人生이라는 몽환夢幻 속에 살고 있으면서 능히, '인생이란 한낱 몽상이다'라는 깨달음을 얻는다면, 인간의 온갖 대경對境이 빈(空) 것으로 보일 것이다. 이미 빈 것으로 보인다면 거기에 대하여 탐욕도 집착도 생기지 않을 것이다. 탐욕도 집착도 없다면 모든 사려思慮는 사라져 버릴 것이다. 모든 사려가 사라지고 나면 거기에 비로소 환상도 꿈도 아닌 참모습이 나타날 것이다. 그리하여 모든 아득한 마음이 사라지고 오직 홀로 신령한 마음만이 존재할 것이다. 이러한 경지에 도달하면 환경幻境은 저절로 무너질 것이다.

그때의 그 신령한 마음의 상태는 명경지수明鏡止水와 같아서 무슨 사물이 와서 비쳐도 거부하지 않으나, 가면 붙잡지도 않는다. 오직 담담淡淡할 뿐이다. 마치 밤하늘의 달처럼 홀로 밝고 고요하게 비칠 것이라고 깨달은 때의 마음의 경지를 설명하고 있다.

옛 시에 이런 것이 있다.

> 외로운 달 홀로 비치고 강산江山은 고요한데
> 스스로 웃는 한 소리에 천지가 놀라 깨네.
>
> 孤輪獨照江山靜 自笑一聲天地驚

수영 守影

세상의 학자學者들 중에는, 무리를 떠나고 세속과의 접촉을 끊은 뒤에 고요한 방 안에서 마음을 보존하여, 밖으로는 욕망이 생길 만한 것을 보지 않으며 안으로는 어지러운 생각을 일으키지 않는다. 하나에 마음을 모아 옮기지 않으니, 심경心境이 그윽하고 안한安閑하여 허명虛明한 광명이 있는 것 같고 응연凝然한 상象이 있는 것 같다. 그러하면 스스로, "말하기 어려운 묘각妙覺을 얻었다."고 말한다. 그들은 물결이 비록 멎었으나 오히려 숨은 흐름이 있고, 북 치는 행렬이 이미 지나갔으나 오히려 남은 소리가 있다는 것을 도무지 알지 못한다.

그 응연凝然하게 보이는 것은 밤의 나무 그림자(夜樹之影)와 같은 것이고, 허명虛明한 것은 깨지 않은 꿈인 것이다.

진실로 무생無生의 이치를 알지 못한다면 비록 백 년이 되도록 좌선坐禪을 하더라도 오히려 꿈속의 그림자를 지키고 있음과 같은 것이다.

世之學者 離群絕俗 靜室存心 外不見可欲 內不起亂想 主一無適 心界幽閑 如有虛明之光 凝然之象 自以謂得難言之妙 殊不知 波浪雖息 尙有潛注 鼓桴已去 猶有餘響 凝然是夜樹之影 虛明是未覺之夢 苟不識無生之理 雖爾坐到百年 猶守夢中影

守影(수영) : 그림자를 지킴. 참이 아닌 것을 지킨다는 말.

離群絕俗(이군절속) : 무리를 떠나고 세속世俗과의 접촉을 끊음.

主一無適(주일무적) : 하나를 오로지하여 흔들리지 않는 마음.

凝然(응연) : 마음이 한 가지 일에 집주集注하여 동요하지 않는 모양.

潛注(잠주) : 숨은 흐름. 잠복하여 흐르는 물.

鼓桴(고부) : 북채. 여기에서는 북을 치는 것.

無生之理(무생지리) : 무생무멸無生無滅의 법칙. 즉 생생하고 멸멸함이 없는 것. 다시 말해서 항상 있는 것의 법칙.

坐到百年(좌도백년) : 坐(좌)는 깨달음을 얻기 위하여 고요히 앉아 있는 것, 곧 좌선坐禪하는 것이니, 백 년이 되도록 좌선함. 오랫동안 좌선한다는 말.

여기에서는 세상의 수도修道하는 이가 진정 무생무멸無生無滅의 법칙을 깨닫지 못한다면 진정한 깨달음이 아니라는 것을 말하고 있다.

진정 깨달은 안목으로 보면, 우주만유宇宙萬有는 생生하는 것도 멸하는 것도 없는 것이다. 꿈이니 깸이니, 나는 것이니 죽는 것이니, 모두가 다만 그렇게 보이는 것일 뿐, 실존하는 것은 아니다. 보이는 것은 한낱 환상幻像이다. 보이는 것이 아니라 보는 것이다. 사람의 아득한 눈이 그렇게 보는 것이다. 이러한 것을 깨달아 아는 경지에 도달해야 크게 깨달은 것이다.

그런데 세상의 수도하는 사람들 중에는 속세와 접촉을 끊고 인간의 무리를 떠나서 깊은 산중 고요한 방 안에 들어앉아 마음을 한 가지에 집중시켜서 여러 가지 흐트러진 생각이 일어나지 않게 한다. 그렇게 하면 마음이 그윽하고 안한安閑하게 되어 무엇인가 훤하게 밝으면서도 텅 빈 것 같은 빛이 마음에 비치는 것을 느끼게 되고, 무엇인가 움직이지 않는 이미지가 안정되어 있는 것 같은 느낌을 갖게 된다. 분명 도에 가까이 다가가고 있는 상태일 것이다.

그러나 그것은, 도에 이르는 한 과정일 수는 있으나 아직 깨달음은 아니다. 그렇건만 자기는 이미 말로 표현할 수 없는 묘각妙覺을 얻었다고 말한다. 그의 경지는 아직 완성이 아니다. 마치 풍랑이 높던 하해河海에 물결이 막 멎었으나, 아직 물속을 흐르는 물결이 있고, 북을 치며 지나가는 행렬이 비록 이미 지나갔으나 아직 여운이 남아 있음과 같은 것이다. 그것은 명경지수明鏡止水 같은 마음의 경지는 아직 아닌 것이다.

진정 무생무멸의 법칙을 체득한 경지에 도달하지 않았다면, 비록 백 년을 좌선坐禪하더라도 그것은 꿈속의 그림자를 지키고 있는 것과 같이 헛된 일이며 무의미한 일이라고 말한 것이다.

여기 옛 시 한 수를 읽어 보기로 하자.

머언 포구浦口의 더디고 더딘 오는 배 위에
홀연히 그 사람 같더니 또 홀연히 아닌 것도 같네.
遲遲遠浦來船上 忽似其人忽似非

무념無念

마음이 자재自在하지 못한 것은 사려思慮가 마음을 어지럽게 하기 때문이다. 상등인 사람은 말 한마디에 당장 깨달음을 얻어 곧 무념無念을 증험證驗하지만, 중등·하등인 사람들은 번뇌煩惱가 깊고 무거워서 좀처럼 사라져 없어지지 않으므로 선각先覺한 이가 일념一念의 법으로써 인도引導한다.

한 가지 생각에만 전념專念하고 있으면 '마음이 한곳에 집중되어' 안에 있는 마음이 밖으로 나가지 않고 바깥 대경對境이 마음속에 들어오지 못한다. 그리하여 오래오래 깃들고 익숙하여지면 마음이 동요하지 않아서 정定의 경지에 들어가게 된다. 그리하면 움직이고 정지하고 잠자고 깨는 것이 타성일편打成一片의 상태가 된다.

그렇게 되면 소위 일념一念이란 것도 또한 얻을 수 없게 되고 무념의 체體를 수순隨順하게 된다. 마음이 진실로 생각에서 떠난다면 그는 이미 꿈속의 사람은 아니다.

心之不得自在 思慮亂之 上等之人 言下開悟 卽證無念 中下之人 煩惱厚重 卒難消磨 先覺導以一念之法 夫一念專 則內心不出 外境不入 久久馴熟 凝然入定 動靜寤寐 打成一片 則所謂一念 亦不可得而隨順無念之體 心苟離念 已非夢中人

無念(무념) : 아무것도 생각지 아니함. 아무 생각 없이 자신을 잊고 있는 상태. 무념무상無念無想과 같은 뜻으로서 아주 무아無我의 묘경妙境에 도달한 상태.

思慮(사려) : 생각하고 염려함.

言下開悟(언하개오) : 말 한마디에 당장 깨달음을 얻음. 한마디의 말을 듣고 환하게 깨달음.

先覺(선각) : 먼저 깨달은 사람. 선각자.

一念之法(일념지법) : 마음의 생각을 하나에 집중하여 여러 가지 생각에 사로잡히지 않게 하는 법. 마음을 수양하게 하는 한 방편. 즉 천 가지 만 가지로 산란한 생각을, 한 가지에만 집결시켜 움직이지 않는 상태에 도달하도록 인도하는 방법.

馴熟(순숙) : 길들고 익숙하여짐.

入定(입정) : 정정의 상태에 들어감. 정정이라 함은 마음을 한 곳에 머물게 하여 흩어지지 않게 하는 것.

打成一片(타성일편) : 일체一切의 정량계교情量計較를 버리고 천차만별千差萬別의 사물事物이 하나로 되는 것. 모든 것이 오직 한 조각으로 되는 것.

隨順(수순) : 불교 용어로, 수순교방편隨順巧方便과 같은 말이니, 중생衆生의 근기根器에 따라 교도敎導하여 신심信心을 일어나게 하고 다음에 깊은 법문을 말하여 알기 쉽게 함.

無念之體(무념지체) : 무념無念의 본체本體. 체體는 일정 불변하는 본모양.

사람의 마음이 온갖 번뇌煩惱의 속박에서 벗어나, 통달무애通達無礙한 상태에 있는 것을 마음이 자유자재自由自在하다고 말한다. 그런데 마음이 자재自在하게 되지 않는 것은 온갖 인간적인 생각들이 마음을 산란하게 만들기 때문이다.

상등上等인 사람은 말 한마디만 듣고 당장에 깨달아 번뇌를 끊고 무념無念을 성취한다. 그것이 바로 깨닫는 것이다. 그러나 중등·하등의 사람들은 번뇌가 너무나 많고 무거워서 좀처럼 거기에서 벗어나지 못한다. 그러한 사람들을 교도敎導하는 방편으로 우선 일념지법一念之法을 가르친다. 일념지법이란 마음을 한곳에 집중集中시키는 것을 말한다.

마음이 한곳에만 집결되면, 여러 가지 생각에 마음이 흩어져

어지럽게 되는 일이 없게 된다. 그러한 방법으로 오래오래 마음을 길들이고 또 익숙하여지면, 마음이 항상 저절로 한곳에 집결하여 정定의 상태에 들어가게 된다. 그렇게 되면 움직이는 것도 정지靜止함도, 잘 때에도 깬 때에도 마음은 '타성일편打成一片'의 경지에 도달하여 소위 한 가지 생각(一念)이라는 것도 있을 수 없게 되고 무념의 본체를 수순하여 이룩할 수 있게 된다는 것이다.

사람의 마음이 진실로 생각에서 떠날 수 있다면 그 사람은 이미 꿈속에 있는 사람은 아니라는 것이다.

옛 시에 이런 것이 있다.

> 묻노니 흐르지 않는 물과 무념無念의 마음
> 어느 것이 맑고 고요하고 흔적 없는가.
>
> 借用不流水 如何無念心

논학 論學

고금古今의 학자들이 존심存心이니, 연심煉心이니, 응취凝聚니, 공적空寂이니, 정사精思니, 일지一志니, 소소영령昭昭靈靈이니, 대경무심對境無心이니 하고 말하였다.

그러나 만약 무생무념無生無念의 본체本體를 안다면 그 어느 것도 좋지 않은 것이 없다.

하지만 만약 식신識神을 인식한다면 한갓 환상幻相을 이룰 뿐일 것이다. 무슨 까닭인가. 분별 인식하는 정신[識神]이란 것은 생生과 멸滅을 종자種子로 하기 때문에 잡으면 있고 버리면 없어진다. 그리하여 움직임과 고요함이 타성일편打成一片의 상태를 이루지 못하고 꿈과 깸이 하나로 되지 못한다. 생전에도 이미 믿을 만한 것이 없는데 죽은 뒤에 무슨 의지할 만한 것이 있겠는가.

古今學者 曰存心 曰煉心 曰凝聚 曰空寂 曰精思 曰一志 曰
昭昭靈靈 曰對境無心 若知無生之體 無所不可 若認識神 徒
成幻相 何以故 以生滅爲種子 操則存 捨則亡 動靜不成片 夢
覺不能一 生前已無足恃 死後有何可依

論學(논학) : 학문을 논함. 배움을 논함.

存心(존심) : 본심을 방실放失하지 않고 보존하여 기르는 것.
　　방심하지 않음.

煉心(연심) : 마음을 단련함.

凝聚(응취) : 응결凝結하여 모임. 하나로 모여 뭉침.

空寂(공적) : 비고 고요함. 공공적적空空寂寂과 같은 말로서, 우
　　주에 형상이 있는 것이나 형상이 없는 것이나 모두 그 실체
　　가 공무空無하여 아무것도 생각하고 분별할 것이 없다는 것.

精思(정사) : 자세히 생각함. 정밀하게 생각함.

一志(일지) : 뜻을 한결같이 함. 뜻을 전일專一하게 가짐.

昭昭靈靈(소소영영) : 밝고 신령함.

對境無心(대경무심) : 인식의 대상이 마음에 없음. 대상의 존재
　　를 마음에 두지 아니함.

無生之體(무생지체) : 무생무멸無生無滅의 법칙. 즉 천지만물天

地萬物은 본래 생生도 멸滅도 없다는 것.

識神(식신) : 분별 인식하는 정신.

以生滅爲種子(이생멸위종자) : 식신識神, 즉 분별하고 인식하는 정신은 사물의 생성生成·사멸死滅을 종자로 함. 나타나야 인식하고, 인식하여 분별 판단하게 되므로 식신은 생멸生滅을 종자로 한다는 것.

動靜不成片(동정불성편) : 움직이고 정지靜止함에 따라 인식과 판단이 달라서 움직이거나 정지하거나 타성일편打成一片의 경지를 이루지 못함.

夢覺不能一(몽각불능일) : 꿈을 꾸건 깨건 본체本體는 일여一如한 것인데, 인식 판단하는 정신은 꿈과 깬 것을 하나로 보지 못한다는 말.

불교에서는, 천지만물은 본래 생生도 없고 멸滅도 없는 것이라고 본다. 생이니 멸이니 하는 것은 참이 아닌 환각幻覺일 뿐이다. 우주만물의 본체는 생사몽각生死夢覺을 초월한, 변함이 없는 것이다.

만일 배우는 사람들이 이 무생무멸의 대법칙을 안다면 세상의 학자들이 말하는 존심存心이니, 연심煉心인, 응취니 공적空寂이니 정사精思니, 일지一志니 소소영령이니 대경무심이니 하는 것, 그 어느 것도 다 좋다. 그것은 무생무념의 경지를 나타내거나 무생무념의 경지에 도달하는 데에 방편이 되기 때문이다.

그러나 식신(識神: 인식하고 판단하는 정신)을 인식하게 되면, 그것은 한갓 환상幻相만을 이루는 것이다. 무슨 까닭인가. 인식하고 분별하는 정신은 이미 생生이니 멸滅이니 하는 것을 인식한다. 즉 나타나면 인식하고 인식하면 변별辨別한다. 그런 생과 멸을 종자로 하기 때문에 인식이 있다고 파악하면 존재하고, 인식이 없다고 버리면 없는 것으로 된다. 그러므로 동動과 정靜에 따라 인식과 판단은 달라지고, 꿈과 깸에 따라 인식과 판단은 달라진다. 그렇게 변하고 바뀌고 나타나고 사라지곤 하는 것은 환상幻相일 뿐이다. 그러한 환각幻覺에 불과한 식신이란 것은 사람의 생전에도 이미 믿을 만한 것이 못 된다. 그러니 사람의 사후에 무슨 의지할 만한 것이 있겠느냐고 말한 것이다.

우주만물의 본체는 무생무멸의 것이고, 인식하고 분별하는 정신은 인간적인 환상일 뿐이라는 것이다.

옛 시에 이런 것이 있다.

> 물은 제멋대로 급히 흐르건만 경내는 항상 고요하고
> 꽃들은 비록 자주 떨어지지만 마음은 스스로 한가롭다네.
> 水流任急境常靜 花落雖頻意自閑

형영 形影

굶주린 자는 꿈에서 남에게서 취取하고, 배부른 자는 꿈에 남에게 준다.

꿈이란 것은 염상念想의 그림자이다. 형체가 단정하면 그림자가 바르고, 형체가 비끼면 그림자가 굽는다. 심술心術의 사곡邪曲함과 바름과 공부工夫의 얕고 깊음이 꿈에 징험되지 않는 것이 없다.

그러므로 "낮에는 그의 처자妻子를 보고 밤에는 꿈에 점친다."고 하였다.

飢者夢取 飽者夢與 夢者念想之影也 形端影正 形斜影曲 心術邪正 工夫淺深 無不驗諸夢 故云晝觀於妻子 夜卜於夢寐

形影(형영) : 형체와 그림자.
念想(염상) : 생각.
心術(심술) : 마음가짐. 마음씨.

꿈이란 것은 생각의 그림자와 같은 것이다.

형체가 단정하면 그림자는 바르지만, 형체가 기울면 그림자도 굽어진다. 그러므로 그 사람의 마음씨가 어떻다든가, 공부工夫가 얕은가 깊은가 하는 것도 모두 꿈에 반영된다. 그러하기에 그 사람이 어떤가를 알려면 낮에는 그의 처자妻子를 보고, 밤에는 그의 꿈이 어떤가를 알아보라고 하는 것이다.

꿈이 있는 것은 반드시 마음에 생각함이 있기 때문이고, 꿈이 착하고 악한 것, 바르고 굽은 것 간절한 것, 담담한 것…… 그 모든 상태는 바로 생각의 모습을 반영하는 것임을 말하고 있다.

정진精進

시초始初가 없는 때로부터 몇억만 겁億萬劫의 생사生死를 거쳤으며, 몇억만 물류物類의 포태胞胎에 들어가고 나오고 하였으며, 몇억만 번 만나는 괴로운 상황을 겪곤 하였던가. 굴러굴러 금생今生에 이르러서 사람의 몸으로 태어날 수 있었던 것이다.

고요히 과거過去를 생각하니 길이 혼미昏迷한 꿈속에 있었는데, 다행히 이제 도道를 듣고 크게 깨달을 길이 있다. 그 어찌 빈들빈들 세월을 보내어 또 이 생生을 헛되게 보내겠는가.

자나 깨나 움직이거나 정지靜止하거나 항상 이 마음을 갖고 한결같은 생각으로 정진精進한다면 그에 따라 자연히 꿈의 심정이 담박淡薄하여지고 깨달음의 문이 활짝 열릴 것이다.

自無始來 經歷幾億萬劫生死 出入幾億萬類胞胎 受過幾億萬遭苦狀 滾到今生 得爲人身 靜念過去 長在昏夢 幸今聞道 大

覺有路 其可悠忽 又送此生 寤寐動靜 恒存是心 一念精進 自然夢情淡薄 覺門豁開

精進(정진) : ① 정력을 다하여 전진함. ② 잡념을 버리고 오로지 불도佛道에만 열중함. ③ 세속의 인연을 끊고 재계하며 소식素食하면서 불도에 몸을 바치는 것.

自無始來(자무시래) : 無始(무시)는 우주의 시초가 없다는 말이니, 아주 상상할 수 없고 오랜 태고太古 때부터 지금에 이르기까지라는 말.

幾億萬類(기억만류) : 類(유)는 만물의 종류라는 뜻이니, 우주간에 있는 몇억만 가지의 물류物類.

胞胎(포태) : 아이를 배는 태. 아기집.

滾到(곤도) : 滾(곤)은 轉(전)과 같은 뜻이니, 곤도는 굴러굴러 이제에 이름.

今生(금생) : 불교에서는 삼생三生을 말한다. 즉 전생前生 · 금생今生 · 후생後生이니, 금생은 지금 우리가 살고 있는 세상.

悠忽(유홀) : 빈들빈들 일없이 세월을 허송하는 것.

夢情淡薄(몽정담박) : 한낱 꿈과 같은 인간 세상의 사물事物에 대한 심정이 묽어지고 엷어짐.

覺門豁開(각문활개) : 깨달음에 들어가는 문이 활짝 열림.

사람이 모처럼 인생으로 태어났으니 그 얻기 어려운 기회를 헛되게 보내지 말고 깨달음을 얻도록 열심히 수도修道하라는 것을 말하고 있다.

우주는 시초가 없는 것이라고 한다. 언제부터라는 상한선上限線이 없다. 그렇게 상상할 수 없는 저 옛날부터 지금에 이르는 사이에 사람은 항상 사람으로 환생하여 온 것은 아니다. 불교에서는 각자가 지는 업인業因으로 인하여 온갖 만물로 전전轉轉하여 태어난다고 한다. 사람으로 태어난다는 것은 삼세육도의 윤회 속에서 천상도天上道의 다음에 있는 존귀한 위치를 뜻한다. 여간한 선인善因을 쌓지 않으면 좀처럼 인간으로 태어나기는 어려운 것이다. 그 어려움을 월창 거사는 이렇게 표현하였다. 몇억만 겁劫을 거쳐 오면서 죽고 삶을 되풀이하여 오는 동안, 몇억만 종류의 물류物類로 태어나며, 몇억만 번의 온갖 고통을 받곤 한다. 그리고 구르고 굴러서 금생今生에 이르러 사람이 되었다고 하였다.

그러한 소중한, 그나마 짧은 이 기회를 허송하지 말고 불도를 닦아서 깨달음을 얻도록 하자는 것이다.

옛 시에 이런 것이 있다.

옷 한 벌 바리때 하나로

조주趙州 스님의 문하門下에 드나드네.

일천 산의 눈을 밟고 다니다가

돌아와 흰 구름에 누워 있네.

一衣又一鉢 出入趙州門

踏盡千山雪 歸來臥白雲

진여 眞如

정情이 비록 깊더라도 잠깐 뒤면 변할 수 있다. 식識이 비록 오래더라도 조금 뒤면 없어질 수 있다. 사는 것이 비록 장수長壽하더라도 조금 뒤면 죽는다. 꿈이 비록 길더라도 조금 뒤면 깨게 마련이다.

그런데 진여성眞如性이란 것은 정情도 식識도 아니며, 생도 사도 아니며, 깬 것도 잠자는 것도 아니다. 평등平等이며 무상無相이며 고금古今이 없고, 변하고 달라짐이 없다. 그런 까닭에 평등이라고 한다.

진실로 진성眞性의 평등을 안다면 정식情識 가운데서 꿈꾸지 않을 수 있다.

情雖深 俄可變 識雖久 俄可滅 生雖壽 俄可死 夢雖長 俄可醒 夫眞如性者 非情識 非生死 非寤寐平等 無相 無古今 無

變異 故曰平等 苟知眞性平等 可以不夢於情識中

眞如(진여) : 변화하지 않은 일체만유一切萬有의 진성眞性. 眞
(진)은 진실하여 거짓이 아니라는 뜻이고, 如(여)는 여상如常
과 같은 뜻이니 변하지 않음을 표현한 말이다. "眞謂眞實
顯非虛妄 如謂如常 表無變易."
情(정) : 감정. 애정愛情・원정怨情 등과 같은 마음의 작용.
識(식) : 분별하는 뜻. 경계境界를 대하여 인식하는 마음.
眞如性(진여성) : 진여眞如한 우주만유의 본성.
情識(정식) : 감정과 인식.
平等(평등) : 여기서는 불교 용어로, 높고 낮고 깊고 얕은 차별
이 없이 한결같은 것. 만법萬法의 근본이 되는 원리나 이체
理體의 본체 등은 평등하다고 한다.
無相(무상) : 불교 용어로, ① 진여법성眞如法性은 미迷한 생각
으로 인식하는 것과 같은 현상의 모양이 없는 것. ② 생멸
변천하는 모양이 없는 것. ③ 모든 집착을 여읜 경계.

이 장에서는 대승불교大乘佛敎의 이상개념理想槪念의 하나인 진여眞如를 말하고 있다.

불교에서는, 우주일체만류一切萬有의 진성眞性은 변하지 않는다고 믿는다. 진여眞如의 진眞은 참이란 말이니 거짓이 아니라는 뜻이고, 여如는 여상如常의 뜻이니 항상 한결같다는 말이다. 즉 항상 한결같고 참된 것이라는 뜻이다.

인간의 정식情識으로 나타나는 온갖 사물事物과 정상은 다 환상幻相이고 참된 것이 아니다. 참된 것이 아니기 때문에 항구불변恒久不變할 수는 없다. 그것은 인간의 정식 그 자체가 한낱의 몽환夢幻이기 때문이다.

그러므로 인간 세상의 모든 것은 변하고 바뀐다. 존멸이 있고 생사生死가 있으며, 몽각夢覺이 있고 영고성쇠榮枯盛衰와 희로애증喜怒愛憎이 있다.

그러나 이 모든 정식을 초월한, 참되고 한결같은 우주만유의 진성眞性이 그 가운데에 있으니 그것이 바로 진여성眞如性이라는 것이다. 그것은 변이變異도 없고 차별도 없다. 무상無相이며 평등이라고 한다.

이것은 우리의 사상 개념이 미칠 수 없는 경지로서, 오직 성품을 증득證得한 사람만이 알 수 있다고 한다. 평등·무상無相한 진여성을 깨닫게 되면, 정식의 세계에 얽매여 꿈속을 헤매는 상태를 벗어날 수 있다는 것이다.

이런 시가 있다.

푸른 하늘에 달이 있으니 진여월眞如月인가

밝은 거울 제 마음 없으니 자재심自在心이로구나.

靑天有月眞如月 明鏡無心自在心

평등 平等

평등이라 함은 치우침이 없고 기대는 일도 없으며, 물物도 없고 아我도 없음을 말함이다. 즐겨 하고 성내고 하는 변화變化가 없으며, 꿈이니 깸이니 하는 환상幻相도 없다. 혼미昏迷하여지거나 또는 무기성無記性도 아니면서 여여불변如如不變하는 것이다.

물아物我의 차별이 있다면 사람의 법法에 환혹幻惑된 것이고, 치우치는 데가 있다면 경계境界에 환혹된 것이며, 즐겨 하고 성내고 함이 있다면 정식情識에 환혹된 것이고, 사념思念함이 있다면 몽각夢覺에 환혹된 것이다.

환상幻相이란 변하는 것이고, 변하면 평등이 아니다. 평등이라는 것은 이理의 근본이다.

平等者 無偏無倚 無物無我 無喜怒之變 無夢覺之幻 非昏散 非無記 而如如不變 有物我則爲人法之幻 有偏倚則爲境界之

幻 有喜怒則情識之幻 有思念則爲夢覺之幻 幻者變 變則不平
等 平等者理之本也

無記(무기) : 여기서는 불교 용어로서 삼성三性의 하나이니, 즉
　　온갖 법의 도덕적 성질을 3종으로 나눈 가운데 선도 악도 아
　　닌 성질로서, 선악 중의 어떤 결과도 끌어 오지 않는 중간성
　　을 말한다.
如如(여여) : 여如하고 여하다는 뜻이니, 如(여)는 항여恒如, 즉
　　항상 같다는 말이다. 만유제법萬有諸法의 이체理體는 동일
　　평등하므로 여如라고 한 것.
人法(인법) : 法(법)은 여기에서는 의식意識의 대경對境이라는
　　뜻이니 인법人法은 사람의 의식의 대경對境.
理(이) : 경험적 인식을 초월한 상항불역常恒不易 · 보편평등普
　　遍平等의 진여眞如를 말함.

　불교에서는 평등平等을 소중히 여긴다. 우주만유의 진여眞如
의 본체는 평등하다고 설명한다.
　평등이라 함은 치우치지도 않고 기울지도 않으며 물아物我의
차별도 없다. 즐거워하고 성내고 하는 변덕도 없으며, 꿈이니

깸이니 하는 환상幻像도 없는 것을 말한다.

그 평등의 본성은 혼미하여져 흩어지거나, 선도 악도 아닌 성질인 소위 무기성無記性도 아니다. 그리고 항상 참되고 한결같고 변하지 않는 것이다. 그러하기에 깨달음에 있어서 평등각平等覺을 얻으면 그것이 바로 정각正覺인 것이다.

만약 물物이니 아我니 하는 차별의 인식이 있다면 그것은 벌써 평등은 아니다. 차별이 평등일 수 없기 때문이다. 그 물아物我의 차별이라는 것은 인간의 인식에서 오는 환각幻覺일 뿐이다.

한쪽으로 치우치거나 기울어진다는 것도 대경對境의 존재에 대하여 차별 의식을 지니고 있기 때문이다. 매화를 난초보다 더 사랑한다거나 정취情趣가 국화보다 대나무에 더 기울어진다는 것은 벌써 매화니 난초니 국화니 대나무니 하는 가상假相에 환혹幻惑하여 있기 때문이다. 그러니 이미 평등은 아닌 것이다.

즐겨 하고 성내고 사랑하고 미워하는 감정이 있다는 것은 집착하는 정식情識의 환각에서 오는 것이다. 이미 평등관은 아니다.

무엇을 사념思念한다는 것은 몽각夢覺의 환상 속의 일일 뿐이다. 환幻이란 것은 변하게 마련이다. 변하는 것은 평등이 아니다.

평등이라고 하는 것은 우주만유의 항구불변하는 법칙의 근본인 것이다. 불교가 탐구하고 있는 궁극의 경지는 진여眞如·평등의 본체를 깨닫고 증득證得하는 것이다.
 여기 옛 시 한 수를 옮긴다.

　　나무마다 나무마다 새 잎이 나고,
　　꽃이란 꽃은 다투어 옛 가지에 피네.
　　고향 천 리 반가운 소식
　　오늘에야 분명히 알았구나.
　　樹樹皆生新歲葉 花花爭發去年枝
　　故鄕千里喜消息 今日明明的的知

수경 水鏡

물이 흐르는 길은 모나고 둥글고 굽고 곧음이 천 가지로 다르고 만 가지로 다르다. 그러나 물이 일찍이 제 마음을 갖고 있지 않다. 그런 까닭에 고요히 괴었을 때에도 평등하고, 움직일 때에도 평등한 것이다.

거울에 비치는 물형은, 곱고 추하고 검고 희고 한 것이 천 가지로 다르고 만 가지로 차이가 있다. 그러나 거울은 일찍이 제 마음을 갖고 있지 않다. 그런 까닭에 물형이 와서 비치는 것도 제 마음대로이고 물형이 가 버리는 것도 제 마음대로이다.

취하고 꿈꾸며, 놀라고 겁내며, 즐겨 하고 성내며, 사랑하고 미워하며, 옳다 하고 그르다 하는 생각들이 심성心性을 흔들어 혼란케 하여 자유자재하지 못하게 만든다.

마음이 외물外物과 교섭交涉을 가지면 정식情識이 마음을 인도引導하게 된다. 마음이 정식을 따라다니면 비록 지혜 있는 사람일지라도 또한 꿈속으로 빠져 들어간다.

적어도 꿈꾸는 마음을 엿볼 수 없다면 어찌 그 평등·불평등, 자재自在·부자재不自在를 알 수 있겠는가.

水之流也 方圓曲直 千差萬別 而水未嘗有心 故靜也平等 動也平等 鏡之照也 精麁黑白 千殊萬異 而鏡未嘗有心 故物來也自在 物去也自在 夫醉夢驚怖 喜怒愛憎是非思念 擾亂心性 使不得自在 心與物交 情識引導 隨其情識 雖智亦夢 苟不覰得夢心 惡知其平等 不平等 自在 不自在

水鏡(수경) : 물과 거울.

精麁黑白(정추흑백) : 고운 것, 추한 것, 검은 것, 흰 것.

擾亂心性(요란심성) : 마음을 뒤흔들어 혼란하게 만듦.

心與物交(심여물교) : 마음이 외물外物과 관계를 가짐.

隨其情識 雖智亦夢(수기정식 수지역몽) : 마음이 감정이나 견식에 따라 작용하게 되면, 아무리 지혜롭게 처리하더라도 그것은 꿈에 불과한 것이다. 정식이란 것이 원래 한 꿈의 환각幻覺이기 때문이다.

夢心(몽심) : 꿈꾸는 마음. 꿈속의 마음.

이 장에서는 무심無心의 상태를 높이 평가하고 있다.

불교에서는 망념妄念을 떠난 진심眞心을 무심이라고 한다. 마음에 어떤 영구營久함이 없는, 자연스럽고 담담한 마음, 아집我執이나 주관이 작용하지 않는 마음, 맑은 거울 같고 괴어 있는 수면 같은 마음을 무심이라고 한다.

무심은 깨달은 마음이다. 진여眞如로 통하는 마음이고, 평등을 증험하는 마음이다. 월창 거사는 무심의 공효를 이렇게 비유하여 설명한다.

물이 흘러가는 길은 모나고 둥글고 굽고 곧음이 천차만별이지만, 물은 자신이 어디로 흐르고 싶다든가 어디로 흐르지 않겠다든가, 싫다든가 좋다든가 하는 마음을 갖고 있지 않다. 그런 까닭에 물은 괴어 있을 때에도, 움직일 때에도 항상 평등하기만 하다. 차별이 없다.

거울에 비치는 물상은 고운 것, 추한 것, 검은 것, 흰 것, 천 가지 만 가지로 다르다. 그러나 거울은 일찍이 어느 것을 좋아한다거나, 어느 것을 싫어한다거나, 어느 것은 거부하고 어느 것은 집착하는 것과 같은 제 마음을 갖는 일이 없다. 그저 담담할 뿐이니. 오는 것을 거부하지도 않고, 가는 것을 뒤쫓아가지도 않는다. 거울의 마음은 구애됨이 없고 구속됨이 없다. 거울의 마음은 항상 자재自在하다.

사람의 마음이 이러한 무심의 경지에 도달하지 못하는 것은 정식情識이 마음을 뒤흔들어 놓기 때문이다. 취하고 꿈꾸고, 놀라고 겁내며, 즐겨 하고 성내며, 사랑하고 미워하며, 옳다 하고 그르다 하곤 하는 생각들이 마음을 동요하게 하고 혼란하게 하기 때문이다.

　대체로 사람의 마음이 세상의 사물에 관심을 갖고, 교섭을 갖고 관련을 짓곤 하면, 저절로 세속적인 감정과 식견에 끌리게 된다. 정식에 마음이 끌려 다닌다면 그 마음이 제아무리 지혜롭게 사물을 처리할지라도 그것은 꿈속의 환상을 벗어나지 못한다. 인간의 정식 그 자체가 이미 한낱 꿈속의 환각幻覺이기 때문이다.

　이러한 환각에 불과한 정식에 끌려 다니는 마음은 꿈속의 마음이다. 그것이 꿈속의 마음이라는 것을 엿볼 능력이 없다면 그 마음이 어떻게 평등·불평등을 알 수 있으며, 어떻게 자재·부자재를 알 수 있겠는가. 그저 정식이라는 꿈의 환상에 얽매여 헤맬 뿐이라는 것이다.

　옛 시에 이런 것이 있다.

　　　산과 더불어 사람은 말이 없고
　　　구름 따라 새는 함께 나네.
　　　물은 흐르고 꽃은 떨어지는 곳에서

담담한 마음이 돌아가기를 잊으려 하네.

山與人無語 雲隨鳥共飛

水流花落處 淡淡欲忘歸

미진 迷盡

마음을 물에 비유한다면 맑고 깨끗함은 본질本質이고 속까지 밝게 비추는 것은 작용이다.

사람의 뜻은 물의 흐름〔流〕과 같고, 사람의 정情은 물의 물결과 같다. 물이 유동流動하는 것은 사람의 사념(思念 : 생각함)과 같고, 수면水面의 먼지〔塵埃〕는 사람 마음의 물욕物慾과 같다. 물의 오염汚染은 사람의 버릇과 견식見識과 같은 것이며, 물 위의 바람은 사람의 외경外境과 같은 것이다.

바람이 멎고 물결이 고요해져서 먼지가 가라앉으면, 물은 잠깐 맑고 깨끗한 모습을 나타낸다. '마음에 그와 같은 현상이 보이면' 사람들은 문득, "나는 이미 견성見性하였다."고 말한다.

숨은 흐름과 가느다란 물줄기가 흔들리고, 희미한 빛으로 엷게 물들어 있더라도 오히려 참 빈 것〔眞空〕이 아니면 오히려 그것은 꿈속의 마음이라는 것을 전연 알지 못한다.

꿈이 비〔空〕어야 깬 것이 되고, 미혹迷惑함이 다 없어져야 견성견性할 수 있는 것이다.

心譬之水 則淸淨 體也 照了 用也 而意 流也 情 波也 運動
如思念塵埃 如物慾 汚染 如習識 而風則外境也 風息波靜 塵
埃沉潛 乍現淸淨之相 則便以謂我已見性 殊不知潛流細注 微
色薄染 尙非眞空 猶是夢心 夢空爲覺 迷盡見性

迷盡(미진) : 마음의 미혹迷惑이 다 없어짐.

體(체) : 본체. 본질本質.

照了(조료) : 속까지 환하게 비침.

用(용) : 작용作用.

汚染(오염) : 물들고 더럽혀진 것.

習識(습식) : 버릇과 견식見識.

外境(외경) : 외물外物. 외부의 세계. 대경對境.

見性(견성) : 선가禪家의 용어用語로, 자기에게 본래 갖추어져 있는 진여 불성眞如佛性의 본원本源을 철저히 아는 것. "釋氏惟明心見性".

불교에서는, 사람은 누구나 마음속에 제각기 진여불성眞如佛性을 지니고 있다고 본다. 누구나 부처가 될 수 있는 본성本性을 자기의 마음속에 간직하고 있다. 이 본성을 투철하게 들여다보게 되는 것을 견성見性이라고 한다. 진실로 견성한다면 그것이 바로 깨달음이며 성불成佛인 것이다.

그런데 세상 사람들이 견성하지 못하는 것은 온갖 세속적인 사물에 미혹迷惑되어 있기 때문이라고 한다. 월창 거사는 이 상황을 물에 비유하여 설명하고 있다.

맑고 깨끗함은 물의 본질이다. 사람으로 치면 천성과 같은 것이다. 그리고 그 물이 속까지 환하고 밝게 비치는 것은 작용作用이다. 본체本體가 청정淸淨하기 때문에 거기에서 생기는 상황이 맑고 깨끗하다. 속속들이 환하게 비칠 수 있는 물이 흐려지고 어지러워지고 더러워져서, 제대로 본연의 작용을 하지 못하는 것은 오염汚染되거나 풍파風波가 뒤흔들기 때문이다.

이렇게 어디까지나 외부에서 오는 영향 때문이지 물의 본성에 변함이 생긴 것은 아니다. 아무리 흙탕물이라도 가라앉히기만 하면 다시 맑고 깨끗한 본성을 나타낸다.

사람의 마음속에 지니고 있는 불성佛性도 마찬가지다. 의사니 인정이니 사려思慮니 물욕物慾이니 습관이니 견식見識이니 하는 인간만사의 환상幻相들이 마음을 미혹하기 때문에 마음이 진공

眞空이 될 수 없다는 것이다. 세상의 미혹이 깨끗이 사라진다는 것은 인생을 꿈꾸는 마음이 완전히 사라진다는 것이다. 인생의 꿈을 완전히 깬다면 이미 세속적인 미혹은 있을 수 없다. 그러한 경지가 바로 견성見性이라는 것이다.

옛 시에 이런 것이 있다.

> 강 위의 천첩산이 수심을 빚는구나.
> 구름인가 연기인가 푸르름 쌓였어라.
> 산인가 구름인가 멀어서 모를러니
> 연기 사라지고 구름 걷으니 의젓이 산은 예대로 서 있네.
> 江上愁心千疊山 浮空積翠如雲煙
> 山耶雲耶遠莫如 煙空雲散山依然

구흔 垢痕

마음에 탐貪과 진嗔과 치痴가 있는 것은 거울에 먼지와 때의 흔적이 있는 것과 같다.

먼지와 때는 이미 제거除去하였더라도 오염汚染된 흔적이 아직 남아 있다면 맑고 깨끗한 거울이 될 수 없다.

마음에 탐貪이 없고 진嗔이 없음은 진실로 용이한 일이 아니다. 그러나 치痴가 없어지는 일이 더욱 어렵다. 치가 없어지면 꿈이 없어진다. 꿈이 없어져야 비로소 깨달았다고 말할 수 있다.

心有貪嗔痴 如鏡之有塵垢痕 塵垢雖祛 染痕猶存 不得爲淸淨鏡 心之無貪無嗔 固不容易 而痴滅尤難 痴滅則夢滅 夢滅始謂覺

垢痕(구흔) : 때 묻은 자국. 때 묻은 흔적.

貪(탐) : 여섯 가지 번뇌煩惱 중의 하나. 심소心所의 이름. 자기의 뜻에 잘 맞는 사물에 대하여 마음으로 애착케 하는 정신 작용. 탐욕.

嗔(진) : 근본번뇌根本煩惱의 한 가지. 진에嗔恚라고 한다. 자기의 마음에 맞지 않는 경계境界에 대하여 미워하고 분하게 여겨 몸과 마음을 편안치 못하게 하는 심리 작용. 성내고 원망함.

痴(치) : 삼독三毒의 하나. 현상現象과 도리道理에 대하여 마음이 어두운 것. 불교에서는 인생의 고통받는 근원과 모든 번뇌의 근본을 치痴라고 하며, 사물의 진상을 밝게 알지 못하므로 미迷가 있다고 한다. 어리석음.

塵垢痕(진구흔) : 먼지와 때가 묻었던 흔적.

袪(거) : 제거除去함. 물리침.

불교에서는 탐貪 · 진嗔 · 치痴를 삼독三毒이라고 말한다. 즉 욕심 · 성냄 · 어리석음, 이 세 가지는 수행修行하는 사람에게 해독을 줌이 가장 심하다고 하여서 그렇게 말하는 것이다.

물욕物慾이 많은 것을 탐욕하다고 한다. 탐욕한 사람의 마음이 명경지수明鏡止水 같을 수는 없다. 마음에 탐욕의 불이 타고 있는 한, 그 가슴에 안정安靜이 있을 수 없고 본성本性이 나타날 수는 없다.

성내며 남을 원망하고 있는 마음은 가장 격렬한 감정의 동요이다. 거세고 사나운 노도怒濤와 같은 것이 격노激怒와 원한의 감정이다. 그러한 사람이 차분히 가슴을 가라앉히고 진애塵埃와 오염을 침전시켜서 가을 하늘 같은 심정心情의 하늘을 바라보기를 기대할 수는 없다.

그러나 치痴라는 것은 탐욕보다도 성냄보다도 더욱 해독이 크다고 하였다. 치라는 말은 천치니 백치니 하는 말로 기가 막히는 바보라는 말이다. 치라는 것은 여섯 가지 근본번뇌根本煩惱의 한 가지로서 현상과 도리에 대하여 마음이 어두운 것을 말한다. 불교에서는 인생의 고통받는 근원과 모든 번뇌의 근본을 치라고 일컫는다. 사물의 진상을 밝게 알지 못하므로 미迷가 있다는 것이다. 불교의 궁극의 목표는 깨닫는 데 있다. 아주 우치愚痴하여 사리事理를 살피지 못한다면 어느 것이 미迷이고 어느 것이 각覺인 것을 알 수 없는 것이다. 미라는 것은 빠지기 쉽고 각은 얻기 힘들다.

우리의 인생은 온통 미 속에서 헤매고 있는 것이다. 여간한 큰 지혜와 용기가 아니고는 미에서 벗어나지 못한다. 도도滔滔한 세상 사람들은 모두가 미迷 속에 빠져 있다. 이 미를 미인 줄 모르는 것은 치痴 때문이다. 불교 역사의 모든 노력은 결국 이 치痴를 지智로 환원시키는 데에 있다고도 말할 수 있다. 치痴를 제거하면 미몽迷夢은 저절로 깨게 된다. 미몽을 깬다는 것은, 바로 각覺이며 견성見性이며 성불成佛인 것이다.

중외 中外

 깨닫지 않은 사람은 비록 견식見識이 고금古今의 일에 통달通達하고 지혜가 만물萬物을 골고루 알더라도 다만 꿈속의 사람일 뿐이다. 무슨 까닭인가. 꿈속의 사람은 오직 꿈속의 세계만을 알고 꿈 밖의 세계는 알지 못한다.

 꿈을 깬 사람은 능히 꿈속에 있었던 일을 생각할 수 있고, 꿈 밖의 일도 안다. 꿈꾸기 전의 일도, 꿈을 깬 뒤의 일도 밝게 알지 못하는 것이 없다. 만일 그렇지 못하다면 어찌 깨었다고 말할 수 있겠는가.

未覺人 雖識通古今 智周萬物 祗是夢中人 何以故 夢中人惟知夢中世界 不知夢外世界 夫覺夢者 能思夢中事 能知夢外事 夢前夢後 無不明知 不然何足爲覺

中外(중외) : 안과 밖. 여기에서는 꿈속과 꿈 밖을 가리킨 말.

識通古今(식통고금) : 아는 것이 고금의 일을 통달함. 고금의 일을 환하게 알고 있음.

智周萬物(지주만물) : 지혜가 만물에 골고루 미침.

'인생이라는 꿈' 속을 벗어나지 못한 사람이라면, 그 사람이 비록 고금古今의 일에 통달하고 세상의 온갖 것에 대한 풍부한 지혜를 갖고 있을지라도 그는 한낱 꿈속의 사람일 뿐이다. 인생이라는 꿈의 범위를 벗어나지 못하였기 때문이다. 어째서 그런가.

꿈속의 사람은 다만 꿈속의 세계만을 알 뿐이고 꿈 밖의 세계는 모른다. 누가 꿈속에 있으면서 꿈꾸기 이전의 깬 때의 일이나 장차 꿈 깬 뒤에 있을 깬 세상의 일을 아는 사람이 있겠는가. 그러니 꿈속의 지식이니 지혜니 하는 것은 환각幻覺인 것이다.

그렇지만 꿈을 깬 사람은 꿈속에 있었던 일을 기억한다. 또 꿈 밖의 일도 안다. 꿈꾸기 이전의 일이나 꿈을 깬 뒤의 일이나 모르는 것이 없다. 그렇지 않다면 그 사람은 아직 완전히 꿈을 깬 사람이 아닐 것이다.

그와 마찬가지로 '인생이라는 꿈'을 깬 사람은 인생 이전의 일도, 이후의 일도 다 알고 있는 것이다. 그것이 바로 각覺을 얻은 사람이라는 것이다.

매수 昧受

꿈자리가 깨끗하기를 바란다면, 꿈속의 사물을 치워 버릴 것이 아니라, 자신의 마음이 어둡지 않으면 꿈은 저절로 깨끗할 것이다.

  마음이 비워지기〔空〕를 원한다면 세상의 일을 멀리할 것이 아니라, 자신의 마음이 받아들이지 않으면 마음은 저절로 비워질 것이다.

  "예禮가 아니면 보지 않는다."는 것이 어찌 눈을 감고 있으라는 뜻이겠으며, "욕심이 날 만한 것을 보지 않는다."는 것이 어찌 외물外物을 멀리하라는 말이겠는가.

  옛사람이 말하기를, "나의 마음속에는 기녀妓女가 없다."고 하였다. 진실로 마음 가운데 기녀妓女가 없다면 기악妓樂이 항상 자신을 둘러싸고 있은들 무슨 방해됨이 있겠는가.

欲使夢空 非去夢中事物 自心不昧則夢自空 欲使心空 非遠世上事物 自心不受 則心自空 非禮勿視豈閉目 不見可欲 豈遠物耶 古人云吾心中無妓 苟心中無妓 何妨妓樂常圍繞

昧受(매수) : 昧(매)는 어두운 것, 우매愚昧한 것이고, 受(수)는 받아들이는 것. 여기에서는 자신의 마음이 어둡거나 외물의 유혹을 자신의 마음이 받아들인다는 뜻으로 쓰고 있다.

夢空(몽공) : 꿈이 텅 빈 것처럼 어지럽지 않은 것. 꿈자리가 깨끗함.

心空(심공) : 마음이 세상의 사물에 대한 생각으로 차 있지 않고 비어 있는 것. 마음이 인간적인 정식情識으로 흐려져 있지 않은 상태.

禮(예) : 사람이 지켜야 할 도의규범道義規範. 도의.

心中無妓(심중무기) : 기녀妓女에 대하여 관심을 두지 않음.

妓樂(기악) : 기녀가 연주하는 풍악. 기녀의 풍류.

  세상의 온갖 일은 자신의 마음의 작용에 기인起因한다는 것을 말한 것이다.

꿈자리가 사납고 어수선한 것은 평소에 마음이 어둡고 산란하기 때문이다. 꿈은 마음의 그림자이다. 그러하기에 꿈이 맑고 깨끗하기를 바라는 사람은 그 마음이 어둡지 않도록 하면 꿈은 저절로 깨끗하게 될 것이다.

그와 마찬가지로 마음이 세상의 정식情識에 구속되고 뒤흔들리는 일 없이 가을 하늘처럼 맑고 비어 있기를 바란다면 세상의 온갖 사물에 수응隨應하나 그것을 마음에 남겨 두지 말아야 할 것이다. 오면 오게 두고 가면 가게 둘 뿐, 집착하거나 거기에 구속되지 않아야 한다는 것이다.

옛사람이, "예가 아닌 것은 보지도 말라."거나 "욕심이 생길 만한 것은 보지 않는다."고 가르치고 있으나, 그 말은 눈을 감고 보지 말라거나 욕심이 생길 만한 사물에서 멀리 떠나라는 말은 아니다. 그것에 마음을 두지 말라는 말이다. 〈대학大學〉에, "마음이 있지 아니하면 보아도 보이지 않고, 들어도 들리지 않으며, 먹어도 그 맛을 알지 못한다(心不在焉 視而不見 聽而不聞 食而不知其味)."라는 말이 있다. 마음을 두지 않으면 마음에 남지 않는 것이다. 옛사람이, "나의 마음속에는 기녀妓女가 없다."고 하였다. 기녀에 관심을 갖지 않는다는 말이다. 진정 기녀에 대한 아무런 관심도 없다면 항상 기악妓樂 속에 둘러싸여서 살아도 해로울 것이 없다는 것이다.

옛 시에서도 이렇게 표현했다.

마음에 물드는 일이 없다면

욕계欲界가 곧 선도仙都와 같으니라.

一心無染着 欲界是仙都

마음에 물욕이 없으면

마음은 바로 가을 하늘 같고 잔잔한 바다와 같으니라.

心無物慾 卽是秋空霽海

안화 眼華

금과 옥이 비록 진귀하나 부스러기 하나만 눈에 붙으면 눈은 자유롭지 못하게 된다. 그러한 눈을 열면 곧 공중화空中華를 본다.

학식學識이 비록 좋은 것이지만, 그 학식의 한 가지 규범이 마음에 있으면 마음은 자재自在하지 못하게 된다. 그러한 마음으로 생각을 하면 곧 오중몽寤中夢을 이루게 된다.

그런 까닭에, 눈에 아무런 장애물이 없어야 물건을 볼 수 있고, 마음이 비어 있어야 본성本性을 볼 수 있는 것이다.

金玉雖珍 而一屑着眼 眼不自在 開目卽見空中華 學識雖善 而一法在心 心不自在 擧念卽成寤中夢 是以眼空方見物 心空方見性

眼華(안화) : 눈에 보이는 꽃.

一屑(일설) : 부스러기 하나.

空中華(공중화) : 공화空華. 허공화虛空華라고도 한다. 공중의 꽃이란 뜻이다. 허공 중에는 본래 꽃이 없는 것이지만, 눈병 있는 사람들이 혹시 이것을 보는 일이 있다. 본래 실재하지 않는 것을 실재한 것이라고 잘못 아는 것을 비유한 말.

一法(일법) : 한 가지 법. 法(법)은 규범規範이라는 뜻이니, 여기에서는 학식 중의 한 가지를 지켜야 할 규범이라는 생각이 마음에 있으면 마음은 그것에 구속을 받는다는 말.

擧念(거념) : 생각함.

寤中夢(오중몽) : 오몽寤夢이라고도 한다. 낮에 견문見聞한 것을 밤에 꿈꾸는 것. 깨어 있으면서 꿈꾸는 것과 같은 상태에 있는 것.

눈 안에 아무런 불순물不純物도 들어가 있지 않아야 눈이 자유롭게 물건을 볼 수 있는 것처럼, 사람의 마음이 아무런 구속이나 제한을 받는 일 없이 비어 있어야 비로소 견성見性할 수 있다는 것이다. 가령 학식學識 있는 사람이 그 학식 중에서 어느 것을, 사람이 지켜야 할 규범規範이라고 생각하고 있다면,

그것에 구애되어 마음의 자재自在를 얻지 못한다. 그러한 구속으로 덮여 있는 심안心眼은 이미 진공眞空의 자유자재한 것이 아니니 진여의 본성을 볼 수는 없다는 것이다.

정념正念

마음 가운데에 생각이 일어나는 것을 도거掉擧라고 한다. 도거하는 자는 꿈이 혼침昏沈하게 된다.

마음속에 아무런 기억도 없는 것을 완공頑空이라고 한다. 완공한 자는 꿈이 혼침昏沈하게 된다.

생각이 있어도 꿈이 되고 없어도 또한 꿈이 된다. 그러니 전도顚倒된 몽상夢想을 멀리 떠난 뒤라야 비로소 정념正念이라고 말할 수 있다.

정념이란 것은 한 생각 한 생각이 무념의 경지에 도달하게 되어 고요히 움직이지 않으며, 아는 것이 없이 알며, 주착住着함이 없이 머무르게 된다. 지극히 짧은 순간의 생각도 일찍이 꿈속에 있는 일이 없다. 이것을 견성見性이라고 한다.

心中起念 謂之掉擧 掉擧者夢散亂 心中無記 謂之頑空 頑空

者夢昏沉 有亦爲夢 無亦爲夢 則遠離顚倒夢想然後 乃謂之正念 正念者 一念一念 而至於無念 寂然不動 無知而知 無住而住 念念未嘗在夢是謂見性

正念(정념) : 사념邪念을 버리고 항상 향상向上을 위하여 수행修行하기에 정신을 집중하는 것.

掉擧(도거) : 정신을 흔들리게 하고 딴 데로 달아나게 하는 마음의 작용. 모든 번뇌가 안정되지 않는 것은 이 도거掉擧하는 마음 때문이라고 한다.

心中無記(심중무기) : 마음이 아주 목석木石처럼 바보여서 사물에 대한 기억이 없음.

頑空(완공) : 표면表面이 굳고 알맹이는 비어 있는 것. "貴眞空 不貴頑空 蓋頑空 則頑然無知之空 木石是也."

昏沉(혼침) : 惛沉(혼침)과 같다. 마음으로 하여금 어둡고 답답하게 하는 정식 작용.

顚倒(전도) : 평상平常한 도리를 어기고 바른 이치를 위반한 것. 넘어지고 거꾸러짐.

夢想(몽상) : 꿈 같은 생각. 꿈과 생각.

一念一念(일념일념) : 짧은 순간의 생각. 한 생각 한 생각.

無念(무념) : 아무것도 생각지 않음. 나를 잊고 있는 마음의 경지. 무아의 묘경妙境에 도달한 마음의 상태.

無知而知(무지이지) : 무엇을 알려고 하지 않아도 저절로 아는 것.

無住而住(무주이주) : 아무것도 마음에 머물러 두지 않으나 저절로 머물러 있음. 즉 자성自性을 갖지 않고 아무것에도 주착住着하지 아니하며, 연緣을 따라 일어나는 것.

念念(염념) : 念(염)은 찰나의 뜻으로, 매우 짧은 시간을 이르는 말. 매우 짧은 시간에도 잊지 않고 생각한다는 뜻.

이 장은 〈술몽쇄언〉의 맨 마지막 장이다. 월창 거사는 이 마지막 장에서 정념正念을 말하여 결론을 삼고 있다.

정념正念이란 불교 용어로서 사념邪念을 버리고 항상 향상向上을 위하여 수행修行하기에 정신을 집중하는 것이라고 한다. 그는 세상 사람들에게 온갖 세속적인 생각들을 버리고 수행修行에 전념專念하기를 바라고 있다. 온갖 생각이 저절로 수행에 집중하여 무념無念의 경지에 도달하게 되면, 알려고 하지 않아도 알게 되고 일부러 마음을 주착하려고 하지 않아도 마음은 저절로 수행에 집중될 것이라고 하였다.

그리하여 모든 생각이 짧은 순간에나마 꿈에 지나지 않는 세속적인 정식情識에 끌려 다니는 일이 없게 되면, 그것이 바로 견성見性이라는 것이다.

불교의 궁극의 목표는 깨달음을 얻는 데 있다. 그렇기 때문에 우리들은 흔히 불도佛道는 깨닫는 것이지 공부하여 이루는 것이 아니라고 생각한다. 그러나 그 깨달음이라는 것은 갑자기 하늘에서 떨어지거나 부처님이나 어떤 신神이 홀연히 나타나서 주고 가는 것은 아니다. 사람은 누구나 제각기의 마음에 본래부터 불성佛性을 지니고 있다고 하였다. 그 불성이 세상의 온갖 사물에 가리워져 그 본연의 광명을 나타내지 못할 뿐이다. 마치 거울에 먼지가 앉고, 못물에 풍파가 일고, 잡물雜物이 들어가 오염된 것과 같은 상태로 된 것이 세상 사람들의 마음인 것이다.

그러니 적어도 그 먼지를 제거하고 풍파를 가라앉히기 위한 작업이 필요한 것이다. 그것이 곧 수행修行인 것이다. 정념正念은 바로 수행의 방법이며 과정過程인 것이다. 이 과정을 거쳐, 마음의 거울을 말끔히 닦아 놓으면 본성本性이 보일 것이다. 그것이 깨달음이다. 결국 불도佛道도 수행에서 얻어지는 것이다. 월창 거사가 마지막 장에서 정념을 말한 의도를 이해할 수 있다.

여기 우리에게 잘 알려진 양사언楊士彦의 시조 한 수를 읽어 본다.

> 태산이 높다 하되 하늘 아래 뫼이로다.
> 오르고 또 오르면 못 오를 리 없건마는
> 사람이 제 아니 오르고 뫼만 높다 하더라.

발跋

　광서光緒 갑신년 봄에 김군金君 제도濟道가 그의 선고장先考丈 월창 선생月窓先生의 저서著書인 〈술몽쇄언述夢瑣言〉을 진귀한 글씨의 활자를 모아 간행刊行하고 나에게 그 유래를 적으라고 청탁하여 왔다. 정의상情誼上 감히 사양하지 못한다.
　전일에 나는 29세 때에 처음으로 선생의 문하門下에 나아가 배우게 되었다. 그리하여 몇십 년 동안 도의道義에 함영涵泳하면서 진실로 도견陶甄의 교화를 입었다.
　함풍咸豊 경신년에 이르러 선생께서는 영가永嘉로 돌아가셔서 은거隱居하시면서 가난함을 편안하게 여기시고 근심하는 일이 없었다.
　동치同治 경오년에 세상을 떠나셨다. 산천은 멀리 막히고 묘소墓所의 나무는 이미 아름드리가 되었다. 멀리서 옛일을 생각하니 눈물을 참을 수 없다.
　슬프다! 선생께서는 순수純粹한 자질資質과 높이 뛰어난 재주로 유유儒·불佛·선仙 삼교三敎를 배우고 연구하셔서 늙어 갈수록 공부는 더욱 독실篤實하였다. 또 뜻이 세상을 깨우치는 데에 절실하여 이 글을 지으셨다. 꿈을 끌어다 비유하여 참된 것과 망령된 것을 변별辨別하고, 인과관계因果關係를 드러내 밝혔으며, 명상名相을 씻어 버리고 생生과 사死를 가지런하게 하여, 보는 사람으로 하여금 곧 깨닫게 하였다. 그 공적은 거룩하고도 크시다.

대체로 꿈이란 것은 혼魂과 정신이 교응交應하는 것이다. 일찍이 사모思慕하는 것이 있으면 홀연히 오고, 생각하는 바가 있으면 반드시 간다. 길吉하고 흉한 징조를 먼저 나타내며, 즐겨하고 두려워하는 깊은 심정心情에 통通한다. 그러나 어진 사람과 어질지 않은 사람은 감응感應함이 달라서 희미하여 밝히기 어렵다. 그런 까닭에 〈주례周禮〉에는 꿈 점치는 일을 맡은 관원이 있어서 정몽正夢·악몽噩夢·사몽思夢·오몽寤夢과 치몽致夢·기몽觭夢·함척咸陟 들을 추측하게 하였으니, 조짐과 감응이 부계符契를 맞추는 것과 같았다.

그러나 옛말에, "지인至人은 꿈이 없다."고 하였다. 배우는 사람이 만약 잘 수행修行하여 꿈이 없는 경지에 도달한다면, 거의 선생께서 사람들을 위하여 근심하고 슬퍼한 고심苦心에 저버림이 없을 것이다. 문생門生 유운劉雲은 적는다.

光緒甲申春 金君濟道 以其 先尊甫月窓先生所著 述夢瑣言
用聚珍字印行 囑余緣起 誼不敢辭 曩余二十九歲 始就正于
先生門下 涵泳道義幾十年 寔蒙陶甄 暨咸豊庚申 先生歸隱永
嘉 安貧牙憫 同治庚午易簀 雲山脩阻 墓木已拱 緬想疇昔 不
禁涕零 噫 先生以純粹資 卓犖才 學究三教 老益功篤 且志切
覺世 作此書 引夢設譬 乃至辨眞妄 闡因果 蕩名相 齊生死
使覽者 直下頓悟 偉與大哉 夫夢者 魂交神應 曾有慕而忽來
屬所思而必往 現休咎先兆 通喜懼深情 臧否殊感 希微難明
故周禮掌占有官 正嘔思寤致觭咸陟 推測朕應 若合符契 然古
語云至人無夢 學者若能修到無夢之地 庶幾不負先生忉怛爲
人之苦心也 門生 劉雲記

跋(발) : 발문跋文이니 책의 끝에 적는 글.

緣起(연기) : 사물事物의 일어난 인유因由와 연혁沿革·유래를
 적은 글.

就正(취정) : 도道를 닦은 사람에게 나아가 자기의 옳고 그른
 것을 바로잡음. 배움.

陶甄(도견) : 질그릇 만드는 사람이 질그릇을 만드는 것. 변전
 하여 조화造化가 만물을 화성化成시키는 것을 비유하는 말.

교화를 입힘.

永嘉(영가) : 경상북도 안동安東의 옛 이름.

易簀(역책) : 세상을 떠남. 죽음.

緬想疇昔(면상주석) : 옛일을 멀리서 생각함.

卓犖(탁락) : 높이 뛰어남.

蕩名相(탕명상) : 名相(명상)은 눈에 보이고 귀에 들려지는 일체一切의 것, 또 그것에 집착하여 무상無相의 실성實性을 잊는 것이고, 蕩(탕)은 탕척蕩滌이니 더럽혀진 것을 시원히 씻어 버리는 것. 즉 명상의 미혹을 말끔히 씻어 버린다는 말.

正夢(정몽) : 바른 꿈. 별로 감동함이 없이 자연스럽게 꾸는 꿈.

噩夢(악몽) : 심히 놀란 뒤에 꾸는 꿈.

思夢(사몽) : 항상 사념思念하던 것을 꿈꾸는 꿈.

寤夢(오몽) : 낮에 있었던 일을 꿈꾸는 것.

致夢(치몽) : 꿈에 이르는 바를 점치는 것.

觭夢(기몽) : 괴이怪異한 꿈.

咸陟(함척) : ① 咸(함)은 다라는 뜻, 陟(척)은 얻음이니 꿈이 죄다 맞는다는 말. ② 咸(함)은 感(감)과 같은 뜻으로서 느끼는 것이고, 陟(척)은 위로 올라가는 것이니, 마음이 물물에 감동하여 정신이 위로 올라가 귀신과 통한다는 뜻이라고 하였다.

朕應(짐응) : 조짐과 감응.

符契(부계) : 부절符節. 돌이나 대나무로 만든 부신符信이니 두

쪽으로 나누어 가졌다가 맞추어 보아 증표로 삼는 것.

至人(지인) : 덕이 지극히 높은 사람.

忉怛(도달) : 근심하고 슬퍼함.